2013년
체제

만들기

2013년
체제

만들기

백낙청
지음

창비

'2013년체제 만들기'라는 제목을 놓고 잠시 망설였다. '만들기'는
좀 과한 것 아닌가? '2013년체제를 생각한다' 정도가 적당하지 않
을까?

그러나 주변의 다수 의견은 기왕이면 적극적으로 나가라는 쪽이
었다. 2013년체제 만들기의 결정적인 고비가 될 2012년의 새해 벽
두에 이런 책을 내면서 '생각'만 하다 말자는 것이냐는 이야기도 들
었다.

맞다. 생각을 멈출 시기는 아니지만 생각만 하고 말 때는 결단코
아니다. 새로운 '체제'라 불릴 만큼 획기적인 전환기를 2013년에 맞
이할 수 있을지 여부가 올해 판가름난다. 아니, 잘하면 금년 하반기
부터 낡은 체제의 청소작업을 시작할 수도 있다. 어쩌면 '2013년체

제'라는 이름도 아예 '2012년체제'로 바뀔 가능성마저 있다.

바뀔 때 바꾸더라도 지금은 2013년 이후를 내다보며 큰 그림을 그리는 게 바람직하다는 생각에는 변함이 없다. 2012년을 앞세움으로써 선거승리의 공학적 계산에 매몰되었다가는 혹시 승리하더라도 또다른 혼란을 면키 어렵고, 자칫 승리 자체를 놓칠 수도 있겠기 때문이다.

이런 고비를 맞아 나로서는 좀 색다른 시도를 한 것이 이번 책이다. 사회비평서에 해당하는 저서를 전에도 내긴 했지만, 더러는 이론적이고 철학적인 논의를 포함하여 제법 두툼한 책으로 묶어내는 것이 나의 습관이자 취향이었다. 하지만 이번에는 200면이 채 못 되는 분량인데, 내용 거의 대부분이 2013년체제론을 직접 개진한 지난 반년여 동안의 발언이다.

제2부 첫머리의 두편만이 예외인데, 제5장 「'포용정책 2.0'을 향하여」는 기왕의 분단체제극복논의의 연장선상에서 2013년체제론을 예비한 작업이라 말할 수 있다. 제6장 「2010년의 시련을 딛고 상식과 교양의 회복을」은 2011년 새해에 상식과 교양이 회복되기를 염원하면서도 그 일이 2013년 이전에 달성되리라고 기대하지 않고 있다는 점에서, 역시 2013년체제론 전개의 예비동작에 해당하는 셈이다. 제2부의 나머지 장들과 제1부 전체는 이런저런 방식으로 2013년체제론을 펼친 글이다. 제1부는 총론적 성격이 강한데, 그 논의를 일단 마무리하는 의미로 제4장을 새로 썼다.

2013년체제론의 각론은 앞으로 분야별로 활발하고 다양하게 전개되기를 기대하는데, 그 일이 여기저기서 이미 벌어지고 있어 흐뭇

하다. 그 성과를 충분히 반영하지 못한 나의 게으름이 아쉬울 뿐이다. 이 책에서는 대북포용정책과 민주주의 문제에 대해 약간 구체화된 논의를 보태는 데 머물 수밖에 없었다.

원고의 마무리작업이 한창일 무렵에 북측 최고지도자의 급서 소식이 전해졌다. 그로 인해 대대적인 수정작업을 꼭 해야 한다면 책의 간행을 조금 늦추면서라도 그리하는 것이 물리적으로 불가능한 상황은 아니었다. 하지만 제3장 「'김정일 이후'와 2013년체제」를 비롯한 몇군데서 언명하듯이, 김정은시대의 개막이 2013년체제론의 내용을 크게 바꿀 성질은 아니라고 판단했다. '포용정책 2.0'의 전망을 반드시 어둡게 하는 것도 아니며, 한국은 물론 한반도와 동아시아 전체를 위해 2013년 이후의 새로운 시대를 우리 손으로 열어야 할 필요성이 더 절실해졌을 따름이다. 이곳 남녘에서 우리가 어떻게 하느냐가 결국은 최대의 관건이며, 이 나라의 시민들이 2013년체제에 대한 열정과 경륜을 구비함으로써 낡은 세력과 진정으로 새로운 세력을 예민하게 식별하여 대응할 수 있을지 여부가 결정적인 것이다.

그 과정에 작은 이바지라도 하고자 서둘러 이 책을 낸다. 간절한 염원과 부족한 대로 한껏 공력을 실었지만 독자가 얼마나 호응할지는 모를 일이다. 다만 내년 이맘때 가서, 우리가 여기까지 오는 데 저 책도 한몫을 했지 하는 평가가 나온다면 큰 보람이겠고, 더하여 지금도 다시 읽어볼 만한 책이라고 생각하는 독자가 있다면 넘치는 행복일 것이다.

집필과 수정 작업에서 주변 동학들의 많은 도움을 받았다. 하나하나 거명하지는 않겠고, 다만 이 책의 출간을 제안해준 창비 인문사회출판부의 염종선 부장과 편집업무를 감당한 황혜숙 팀장 등 실무진, 그리고 표지를 꾸며준 디자인팀의 정효진님께 특별한 고마움을 표한다.

2012년 1월

백낙청 삼가 씀

제1부

1

'2013년체제'를 준비하자

1. 여는 말

이 글은 2011년 3월 10일 강원도 인제군 한국DMZ평화생명동산에서 시민평화포럼 주최로 열린 '2011 평화와 통일을 위한 시민활동가대회'의 기조발표문으로 처음 작성되었다. '평화를 생각해봐, 시민운동이 많이 달라 보일걸!'이라는 주제의 이 대회가 남달랐던 것은, 평화운동가나 통일운동가만이 아닌 '시민활동가'들 다수가 평화와 통일을 주제로 모였다는 점이다. 이는 한반도 주민들의 당면한 시대적 과제가 '분단체제의 극복'이고 이를 실현하는 한반도식 통일과정은 '시민참여형'이 되리라고 주장해온 나로서는 특히 환영할 일이었다.

분단체제론의 개념들이 모두 자명한 것은 아니기에 이 글에서도 약간의 설명을 틈틈이 더하겠지만, 단순한 분단극복이 아닌 분단체제의 극복, 즉 아무런 통일이건 통일만 하고 보자는 게 아니고 시민들이 적극 참여해서 현재 한반도의 우리 삶을 짓누르고 있는 분단체제 아래에서보다 훨씬 나은 삶을 이룩하자는 것이 기본 취지다. 그러기 위해 각 분야의 시민운동이 곧 평화운동이 되고 통일운동이 될 필요가 절실하다는 것이다. 또한 역으로, 평화운동·통일운동이 시민운동을 겸하지 않을 수 없기도 하다.

원래 활동가대회에서 내건 제목은 '2011년의 한반도 정세와 2012년 한국의 선택'이었다. 그런데 발표문을 작성하면서 2011년과 12년 이야기를 하기 전에 2013년 이후를 그려보는 순서를 밟기로 했고, 이번 글에서는 아예 '2013년체제의 준비'를 주제로 삼았다. 지금 우리에게 무엇보다 필요한 것은 원(願)을 크게 세우는 일이라고 믿기에 눈앞의 현실보다 한 발짝 먼 이야기부터 하려는 것이다. 2012년의 선택이 비록 중요하지만, 그해의 양대 선거에 논의가 너무 집중됨으로써 우리가 목표하는 선거 이후의 삶에 관한 사고를 제약하고 때이른 정치공학적 논의에 몰입해서는 곤란하겠기 때문이다.

이명박정부 3년여를 거치면서 국민들은 솔직히 지칠 대로 지쳤다. 그래서 지금보다 조금만 나아져도 살 만하겠다는 심경이 적잖이 퍼져 있다. MB만 아니면 그 누구라도 좋겠다느니, 야당이 정권을 탈환해서 조금 기 펴고 살기만 해도 어디냐라는 식의 이야기가 들리기도 한다. 인지상정이랄 수 있지만, 그런 작은 원으로는 또 한번 낭패하기 십상이다. 실제로 이명박정부의 등장 자체가 우리들의 원이 너무 작고 원이 원답지도 못했기에 벌어진 일이 아닌가. 정의니 윤리니 민주주의니 통일이니 하는 것에 신경쓸 것 없이 내가 돈 좀 더 벌고 남한의 우리끼리 부자나라를 뒤쫓아갈 수 있으면 족하겠다고 많은 사람들이 생각했고, 그런 것이 곧 인생의 '성공'인 양 들떠 있었던 것이다. 결과는 그 작은 원마저 못 이룬 실패가 대다수 국민의 생활현실이 되었다.

당연한 이야기지만 2013년을 말한다고 해서 2011년과 12년에 우리가 할 일을 소홀히하려는 것은 결코 아니다. 원을 크게 세운다는 것이 거창한 설계도만 제시하고 당장에 할 일을 얼렁뚱땅 넘기는 태도일 수 없다. 큰 서원(誓願)을 세운 사람일수록 이소성대(以小成大)의 실행에 정성을 다하게 마련인 것이다. 올해(2011)와 내년 우리의 실천이 지성스럽고 선택이 지혜롭기 위해 '2013년 이후'부터 생각해오는 역순을 밟아보자는 것도 그런 뜻이다.

계간『실천문학』발표를 위해 이 글의 개고를 마칠 무렵에 때마침 4·27보궐선거를 통해 민심의 움직임을 어느정도 확인할 수 있었다. 선거결과는 뒤에 다시 거론하겠지만, '2013년체제'가 결코 공허한 구상이 아니며 그것을 준비하는 작업도 한층 절실하다는 점이 분명해진 것이다.

2. 어째서 2013년 '체제'인가

어차피 이명박 대통령은 2013년 2월에 물러난다. 후임이 설혹 한나라당에서 나오더라도 '포스트MB' 시대가 열리는 것이다. 게다가 야당이 다시 집권한다면 또 한번의 정권교체가 이루어진다. 하지만 그렇다 한들 단순히 '잃어버린 5년'을 건너뛰어 그전의 상태로 되돌아가는 것으로 만족할 수는 없는 일이다.

87년체제 극복을 위해 국민의 저력을 발휘할 시기

2013년에 굳이 '체제'라는 용어를 덧붙이는 이유가 거기 있다. 1987년 6월항쟁으로 한국사회가 일대 전환을 이룬 것을 '87년체제'라는 개념으로 표현하기도 하듯이, 2013년 이후의 세상 또한 별개의 '체제'라 일컬을 정도로 또 한번 크게 바꿔보자는 것이다. 이때의 '체제'는 영어의 system보다 체계성이 덜한 regime에 해당할 터이며, '2013년체제'라는 호칭 자체는 다른 것으로 대체될지 모른다. 예컨대 그러한 전환을 가능케 할 2012년의 양대 선거를 중시하여 '2012년체제'라 부를 수도 있고, 2013년 이후의 변화가 단시일 내에 더욱 획기적인 사건을 만들어낼 경우 그 사건을 위주로 이름이 만들어질지도 모른다. 제목의 '2013년체제'에 따옴표를 붙인 것은 그런 가변성을 염두에 둔 탓이다.

지금 우리가 살고 있는 시대를 '97년체제'로 규정하는 입장도 있기는 하다. 1997년 IMF 구제금융을 계기로 87년체제가 신자유주의 지배의 새로운 체제로 전환했다는 것이다. 그 논쟁에 본격적으로 개입할 생각은 없다. 다만 나 자신은 몇가지 이유로 97년체제론에 동의하지 않음을 밝히고 넘어가고자 한다.[1] 무엇보다 나는 '신자유주의'가 지난 30여년간 한국을 포함한 현대세계의 성격을 규정해온 열

쳣말 중 하나이긴 하지만, 1997년 금융위기 이후의 한국 현실을 규명하는 데조차 미흡한 점이 많은 개념이라는 생각이다. '신자유주의의 본격화'로 말하자면, 1998년 이후 마련됐던 각종 복지정책이 후퇴하고 시장만능주의 이데올로기가 민주주의담론마저 압도하게 된 2008년 이후에 더 걸맞은 표현일 텐데, 그러나 이명박시대에조차 한국은 신자유주의의 전일적 지배라기보다 온갖 반자유주의적 구태가 함께 되살아나는 특이한 사회라고 해야 옳다. 따라서 반민주적이면서 반자유주의적이고 남북대결적이던 군사독재를 무너뜨린 87년체제는 97년체제로 대체되었다기보다 초기의 건설적 동력을 탕진한 채 그 말기국면을 아직 끝내지 못하고 있다는 것이 한층 타당한 해석이라 본다. 그리고 1987년에 6월항쟁과 7·8월노동자대투쟁을 전개했고, IMF 구제금융이라는 국가적 위기에도 불구하고 2000년의 남북정상회담을 통해 한국경제와 민주주의의 지속적 발전을 확보했던 우리 국민의 저력을 다시 한번 발휘할 때가 왔다고 믿는 것이다.[2]

---

1) 이 논쟁에 대한 좀더 자상한 검토는 김종엽 엮음 『87년체제론: 민주화 이후 한국사회의 인식과 새 전망』(창비담론총서 2, 창비 2009)의 엮은이 서장 「87년체제론에 부쳐」 참조. 97년체제론자 중에는 아예 1987년 6월의 획기성을 인정하지 않는 경우도 있는데, 관념적 진보주의에 골몰한 나머지 다수 국민의 열망과 참여로 쟁취한 생활상의 변화에 무감각해진 단적인 예가 아닐까 생각한다. 실은 김대중·노무현정권들과 이명박정부가 대동소이한 신자유주의체제라는 발상 자체도 그런 혐의가 없지 않다.

2) 1997년과 2000년의 관계에 대해 졸저 『어디가 중도며 어째서 변혁인가』(창비 2009) 제13장 「2009년 분단현실의 한 성찰」에서 다음과 같이 술회한 바 있다. "IMF 구제금융을 계기로 한국사회는 '신자유주의에 의한 서민경제의 파탄'을

남북이 공유하는 '2013년체제'의 가능성

더구나 '2013년체제'는 87년체제와도 또다른 차원의 성취가 될 수 있다. 곧, 1953년 정전체제 성립 이후 처음으로 남북이 공유하는 시대구분을 이룩할 가능성을 지닌 것이다. 휴전 이후 한국현대사에 큰 획을 그은 4·19와 5·16, 10월유신, 5·18민주항쟁, 6월항쟁 또는 IMF 구제금융 들은 모두 남한사회에 국한된 사건이었다.[3] 물론 남북관계와 한반도 정세에 하나같이 큰 영향을 미쳤지만 그것 때문에 조선민주주의인민공화국의 시대구분마저 달라질 정도는 아니었다.

일차 경험했습니다. 그 상황에 대응하는 한가지 방식은 오늘날 이명박정부가 추진하는 것과 비슷한 정책이었을 것입니다. 서민생활의 파탄에 아랑곳없이 신자유주의를 열성적으로 받아들이면서 그에 따른 민심이반에는 5공식 '법질서 확립'과 김영삼정권의 대북강경노선 계승으로써 대응하는 방식 말입니다. 물론 당시에 이미 10년의 민주화과정을 겪은 우리 국민에게 통할 수 없는 정책이었겠지요. 하지만 어쨌든 그런 가능성을 상상해봄으로써 우리는 김대중정부 아래서 우리 국민이 실제로 선택한 길, 즉 금융위기를 계기로 흡수통일의 꿈을 접고 공안정국을 자제하며 남북의 화해·협력과 한반도 평화정착에서 한국경제의 새로운 활로를 찾고자 한 길이 민주주의와 경제발전을 위해서도 얼마나 현명한 선택이었는지를 실감할 수 있습니다."(278~79면)

3) 바로 그 점이 87년 6월항쟁의 결정적 한계임을 나는 항쟁 10주년을 기념하는 자리에서 강조했다. "6월항쟁이 남한의 역사에서 아무리 획기적인 사건이었다 해도 분단 한반도의 절반에 국한된 만큼은 그 '획기적' 성격 또한 제한되게 마련이라는 점을 상기하는 것이 항쟁의 의미를 제대로 부각시키기 위해서도 필요할 듯하다. 그 한계를 정확하게 인식하지 못하는 옹호론은 정당한 실천적 대응을 낳을 수 없을 터이며, 항쟁의 의의 자체를 부정하는 논리 앞에서 조만간에 힘을 잃게 마련이다."(졸저『흔들리는 분단체제』, 창작과비평사 1998, 제10장「6월민주항쟁의 역사적 의의와 10주년의 의미」, 213면)

다른 한편 2000년의 6·15남북공동선언은 남북을 통틀어 '6·15시대'를 열었다고 말할 소지가 충분하다. 하지만 그것은 다분히 선언적인 의미요 앞으로 실현할 과제를 안겨주었다는 뜻이지, 남북 어느 쪽에서도 대다수 주민의 실생활이 일거에 바뀐 것은 아니다. 쌍방이 공유하는 시대구분법과 남북 각각의 내부현실에 맞춘 구분법 사이의 간극은 여전히 남겨두었던 것이다.

그러나 이제 6·15시대의 숙제를 더는 미뤄둘 수 없게 되었다. 6·15공동선언을 외면하며 살아온 불과 몇년의 기간에 한반도는 사람 살기에 너무나 위험한 공간이 되었고, 한국의 민주주의는 처참하게 후퇴했으며, 제법 잘나간다고 호언하는 남한의 경제도 서민의 희생 위에 일부 재벌기업을 살찌우면서 무지막지한 환경파괴와 공기업 및 가계 부채의 증대를 통해 지탱하고 있는 것이다. 이러한 현상을 타개하기 위해서도 6·15시대 숙제의 이행 여부가 2013년체제 성립에 필수적이다. 6·15공동선언 이후 우리가 추구해왔고 2005년의 베이징 9·19공동성명과 2007년의 10·4정상선언으로 가시권에 들기 시작했던 한반도평화체제를 만드는 일이 2013년 이후의 핵심적 과제가 된 것이다.

이는 단순히 한반도에서 전쟁위험을 제거하는 일이 아니다. 어느 나라 국민에게나 전쟁은 참혹하고 평화가 소중하지만, 분단체제에서는 평화의 의미가 남다른 바 있다. 양쪽의 기득권층이 상대방을 적대시하면서도 그 적대관계로 인한 긴장과 전쟁위협으로부터 자신들의 반민주적 특권 유지의 명분을 끊임없이 공급받는 체제가 분단체제이다. 바로 그렇기 때문에 1987년의 6월항쟁이나 1998년의 수평적 정권교체로 남녘 시민들의 민주역량이 분출할 적마다 분단체제 전체가 흔들리게 되었고 평화를 위한 적극적인 노력이 불가피해졌다. 그리하여 6·15공동선언으로 남북 화해와 협력의 길이 활짝 열렸을 때 국내의 수구세력은 필사의 반격을 시도하게 마련이었다. 불행히도 이들의 반격은 2007년 대선과 2008년 총선을 통해 분단체제극복운동에 심대한 타격을 가하는 데 성공했다. 그러나 분단체제를 다시 안정시키지는 못했고 '선진화체제'를 출범시키지도 못했다.[4] 어쨌든 수구세력은 2012년에도 대중을 현혹하여 선거에 이김으로써 국가적 혼란이 가중되더라도 자신들의 사익 챙기기가 지속될 수 있도록 온갖 수단을 동원할 것이다.

이에 맞서 우리는 구호나 이상으로서의 평화가 아니라 한반도 현실이 절박하게 요구하는 평화체제의 수립을 설계하고 국민을 설득할 수 있어야 한다. 이때 유념할 점은 한반도에서의 평화는 점진적·단계적 통일과정의 진전과 직결되어 있다는 사실이다. 다시 말해 너무 급속하고 전면적인 통일을 추구해도 평화에 위협이 되지만, 통일을 제쳐두고 평화만을 이야기한다고 평화가 달성되지 않는다는 것이다.

흔히 평화체제의 구성요소로 한국전쟁 당사자들에 의한 평화협정 그리고 북·미, 북·일 국교수립을 든다. 또 이들에 선행하거나 수반하는 조건으로 한반도비핵화가 있다. 그런데 평화체제 성립에 결정적으로 중요한 비핵화라는 이 난제를 평화협정 체결과 경제지원

---

4) 2008년이 '선진화 원년'이 못 된다는 주장으로는 앞의 『87년체제론』에 수록된 졸고 「선진화 담론과 87년체제」 참조.

등만으로는 풀 수 없는 한반도 특유의 사정을 간과해서는 안된다. 곧, "북이 완전한 비핵화에 동의하려면 이른바 체제보장에 대한 북측의 요구가 어느정도 충족되어야 할 터인데 평화협정 체결과 북미수교 그리고 대규모 경제원조가 더해지더라도 남한의 존재 자체가 위협으로 남을 수밖에 없는 사정"이 있기 때문에, "한반도의 재통합과정을 비교적 안정적으로 관리할 국가연합이라는 장치가 마련되어갈 때 비로소 북측 정권으로서는 비핵화 결단을 내리고 자체개혁의 모험을 감행할——비록 완전히 안심되지는 않더라도——그나마의 여건이 충족되는 것"[5]이다.

2013년 이후의 한반도가 6·15시대의 재가동을 시작으로 9·19공동성명의 이행과 남북연합의 건설과정에 들어설 때, 남북이 공유하는 2013년체제의 성립도 가능할 것이다.[6] 물론 남북연합이 종착점은 아니다.[7] 다만 분단체제극복과정이 불퇴전(不退轉)의 경지에 들어서게 된다는 점에서 결정적이다. 그런 뒤에도 여전히 불확실성으로 가득찬 모험의 과정이겠지만, 지금처럼 주로 백성들이 억눌리고

---

5) 졸고 「'포용정책 2.0'을 향하여」, 『창작과비평』 2010년 봄호, 92면; 본서의 제5장 121면.

6) 작고한 서동만 교수는 2008년이 그러한 해가 되기를 기대했지만(서동만 「남북이 함께하는 '2008년체제'」, 『창작과비평』 2007년 봄호; 서동만 저작집 『북조선 연구』, 창비 2010, 406~27면에 재수록), 2007~8년의 한국사회는 말기적 혼란에 접어든 87년체제를 극복할 실력을 갖지 못했다. 2012~13년의 과제이자 도전으로 미뤄진 것이다.

7) 남북연합에 관해서는 본서 제5장과 8장에서 더 자세히 거론되며, 그에 앞서 『어디가 중도며 어째서 변혁인가』 제8장 「2007 남북정상회담 이후의 시민참여형 통일」 제3절(195~202면)에서 논의한 바 있다.

시달리는 대신에 남북을 통틀어 지배층이 민중의 역동성에 적응하기 위해 가슴 졸이는 시대가 될 것이다.

3. 평화체제, 복지국가, 공정·공평사회

평화체제 구축과 남북연합 건설이 2013년체제의 핵심 의제가 되리라는 점은 최근 한국정치의 뜨거운 쟁점으로 떠오른 복지문제와의 상관성을 보아도 실감할 수 있다. 복지문제가 쟁점화된 것은 우리 사회가 그만큼 발전했다는 증거로 환영할 일이다. 그리고 전면적 내지 보편적 복지를 주장하는 이들이 대개 그 본격적인 실현이 시작되는 시기를 2013년으로 잡는다는 점에서, 복지가 2013년체제의 주요 의제로 설정된 형국이다.

복지논의에 본격적으로 개입하는 일은 이 글의 목표가 아니다. 2013년 이후를 설계하는 기본자세를 검토하려는 것일 뿐인데, 복지국가론이 남북연합 건설을 통한 전체 한반도 문제의 해결을 외면할 때 탁상공론에 불과하기 쉽다는 점을 강조하고자 한다. 분단현실을 망각한 복지국가론은 이명박정부의 선진화론이나 북조선의 강성대국 진입론과 마찬가지로 분단체제 유지론으로 귀착되기 십상이며, 저들 담론과 마찬가지로 성공 가능성이 희박하다고 봐야 옳다.

평화 등 다른 중요 의제와 결합된 복지논의를

복지담론의 현실성을 높이기 위해 평화담론과 결합할 필요성은 많은 이들이 인정한다. 그런데 이러한 인식이 재정조달을 위해 상당한 수준의 국방비 감축이 필요하리라는 계산에 멈추어서는 불충분하다. 전쟁의 위험이 상존하고 이를 빌미로 수구세력이 득세하는 상황에서는 복지확대를 위한 정치적 동력이 생기기 어렵다는 사실에까지 미쳐야 하는 것이다. 남북대결의 상황에서는 사회민주주의자들조차 '친북좌파'로 공격받기 일쑤려니와, 복지사회를 추동해야 할 인사나 집단 들이 여러 분야에서 비슷한 공세에 시달리는 가운데 효과적인 세력결집이 불가능해질 것이기 때문이다. 실제로 복지의 확대는 역으로 분단체제극복을 위한 시민역량의 증대를 가져올 것이기에 수구세력의 공격이 더욱 사납고 다각적으로 벌어지게 마련이다. 분단현실에 대한 냉철한 인식이 결여된 복지국가론이 그 싸움에서 승리하기는 어렵다. 그러잖아도 사회의 온갖 유리한 고지를 선점하고 있는 것이 수구세력인데, 분단현실을 악용하는 일에 이골이 난 저들을 '후천성 분단인식결핍 증후군'[8]에 걸린 복지담론으로 맞섰을 때 어느 쪽에 승산이 있을지는 뻔하지 않은가.

일각에서는 2010년 6·2지방선거 때 다수 유권자가 전면 무상급식을 선택한 것이 보편적 복지를 지지하는 민심이라고 해석한다. 하지만 당시의 무상급식 논쟁은 좀더 면밀하게 분석할 필요가 있다. 첫째, '4대강사업만 중단해도 초·중등학교 무상급식 비용이 나온다'는 인식 덕분에 재정조달 문제가 큰 쟁점이 되지 않았다. 둘째, 무상급식은 학교급식이라는 특정 분야에서는 '전면' 복지에 해당하지만

8) '후천성 분단인식결핍 증후군'에 대해서는 『어디가 중도며 어째서 변혁인가』, 제13장 271~72면 참조.

사회 전체를 놓고 보면 '선별적' 복지인 면도 없지 않았다. 곧, 전면 대 선별 복지로 전선이 선명하게 그어진 것은 아니었다. 더 중요하게는——이것이 세번째로 검토할 사항인데——공짜 밥은 가난한 애들에게만 먹이면 된다는 반대논리가 도리어, '없는 집 애들이라고 눈칫밥을 먹어야 한단 말이냐'는 분노를 자극한 면이 있다. 먹는 것, 더구나 아이들이 먹는 밥을 가지고 치사하게 군다는 공감대를 건드린 것이다. 게다가 '무상급식'은 '친환경 무상급식'이었고 의무교육의 당연한 일부라는 논리마저 가세했다. 다시 말해 6·2선거에서의 무상급식 이슈는 다른 여러 쟁점과 잘 결합하여 필승의 카드가 된 것이다. 그러한 배합이 없이 전면복지 자체가 앞으로 동일한 위력을 발휘할지는 미지수다.

따라서 복지를 2013년체제의 중요한 내용으로 삼되 그 실현을 위해서는 재정, 성장, 공정·공평, 효율 등 다양한 문제들과 정교하게 결합된 설계가 필요하다. 그중 재정문제는 복지논의에 반드시 따라오게 마련인데, 다음 정부는 현 정권이 급격히 늘려놓은 국가 및 공기업의 부채를 떠맡을 운명이므로 냉철한 계산이 한층 절실하다. 대북전력 강화 명분으로 외국에서 비싼 무기를 구입하는 비용을 포함해서 국방비를 크게 줄이는 특단의 조치도 필요할 테고, 적정한 경제성장을 통해 세수(稅收)와 국부를 키워가는 전략도 따라야 할 것이다.

복지국가 모델에 포함되어야 할 것들

복지국가론의 기본 취지가 당장에 복지를 전면화하는 것보다 국가모델을 '복지국가형'으로 전환하자는 것이라면, 더욱이나 여타 국가적·사회적 목표와 결합된 복지모델을 설계해야 한다. 예컨대 기존의 생산과 소비 방식을 생태친화적으로 전환하는 '친환경 복지국가' 모델이어야 하며, 동시에 '성평등 지향적 복지국가' 모델이 되어야 한다. 또한 복지국가이되 국가의 역할을 최소화하고 협동조합, 시민단체, 그리고 복지수혜자 개개인의 능동적 참여가 극대화되는 '민주적 복지사회'를 지향해야 할 것이다.

나아가, 2013년 이후 진전될 남북관계와 어떻게 조화시킬지에 관한 '범한반도적 설계'가 긴요하다. 예컨대 스웨덴 모델이 한국에 적합하다는 점을 설득하려 할 경우, 남한이 스웨덴 모델을 지향할 때 남북연합의 동반자가 될 북조선은 어떤 모델을 따라야 하는가를 제시할 수 있어야 한다. 남북이 다같이 스웨덴식(또는 다른 어떤 선진국식) 복지국가가 될 수 있다고 말하는 것은, 국가연합 단계를 거치지 않고 곧바로 통일할 수 있다는 이야기만큼이나 환상적으로 들릴 것이다. 그 대안으로 남한은 스웨덴 모델을 지향하고 북조선은 중국식 또는 베트남식 개혁·개방으로 가면 된다는 주장도 있을 법하다.[9] 그러나 이것도 약간씩 덜 환상적인 두가지 씨나리오가 동시에 실현된다는 또다른 환상이 아닐까? 반면에 북이야 어떻게 되건 우리는

---

9) 현실에서는——과문한 탓인지 모르나——북의 중국식 개혁·개방을 기대하는 기존의 포용정책 주창자들은 대체로 남한의 국가모델 전환에 관심이 덜하고, 남한의 사민주의적 변화를 추구하는 복지론자들에게서는 북조선의 변화에 대한 진지한 논의를 찾아보기 힘들다. 그러나 양자가 상대방의 주장에 호의적인 것은 사실이고, 북의 중국식 개혁과 남의 스웨덴식 변화가 병행하는 씨나리오에 대해 심각한 문제제기는 없는 것 같다.

모를 일이고 남한에서 우리끼리 복지국가를 만드는 일이 가능하다는 생각이 '후천성 분단인식결핍 증후군'의 표현이요 또 하나의 환상임은 이미 지적한 바 있다.

남북연합에서 각자가 어떤 성격의 복지제도를 가질지에 대해서는 나도 답이 없다. 그러나 단계적 분단체제극복이라는 세계사에 유례없는 실험의 일부이기에, 복지제도 또한 그 어느 선례와도 구별되는 창의적인 것이 되어야 하고 그럴 수밖에 없을 터이다. 남북이 상이한 내용이면서도 서로 참조하고 조절하여 한반도의 실정에 맞는 혼합식 모델을 만들어가야 하는 것이다. 그렇기 때문에 2013년체제에 그토록 긴요한 복지문제를 복지근본주의로 접근해서는 안되고, 주어진 현실과 현실상의 변화를 끊임없이 주시하면서 정교한 설계를 지속적으로 가다듬어야 한다.

이는 한반도적 시각뿐 아니라 동아시아적 시각으로까지 확대하는 능력을 요구하기도 한다. 남북이 함께하는 2013년체제라면 당연히 6·15공동선언과 더불어 9·19공동성명도 복원된 상태를 뜻할 것인바, 이는 경제적 상호의존과 교류·협력이 꾸준히 증대하고 있는 동아시아의 지역협력을 한층 긴밀하고 원활하게 만들 것이다. 그간 이명박정부가 한미동맹에 일방적으로, 그것도 온갖 무리수를 써가며 매달리다보니 동아시아연대 형성의 과정에서 한국정부의 능동적 역할이 거의 사라졌는데, 2013년체제의 형성은 그러한 역할—및 민간 차원에서도 획기적인 교류 증대—을 당연히 수반할 것이며, 한반도의 국가모델을 전환하는 작업 또한 그러한 지역연대 형성의 맥락 속에서 진행될 것이다.[10]

더 기본적인 것들과 공정·공평문제

그런데 2013년체제의 설계에는 남북연합이니 복지국가니 동아시아공동체니 하는 거창한 기획보다 훨씬 기본적이고 어쩌면 초보적이랄 수 있는 것이 포함되어야 한다. 인간의 사회생활에 기본이 되는 것들을 되살리는 시대가 되어야 한다는 것이다. 예컨대 대통령을 비롯한 고위공직자와 지도적 정치인 들이 너무 터무니없이 거짓말을 하지 말아야 한다는 것. 물론 정치인이 모두 성인군자가 되라거나 국정운영을 완벽하게 공개하라는 말은 아니다. 다만 너무 자주 너무 뻔한 거짓말을 한다거나 너무 쉽게 말을 바꿔서는 곤란하다는 것이다. 이래서는 사회가 제대로 돌아갈 수 없고 정상적인 언어생활마저 위협받게 된다.[11] 아무튼 따지고 보면 그것은 복지의 훼손이자 정치적·경제적 효율의 추락이며 평화와 안정을 저해하는 요인이기도 하다. 게다가 '4대강 살리기'라든가 '공정한 인사' 따위가 말로 끝나는 것도 아니다. 실로 상식을 초월하는 반칙과 사익추구 행위가

10) 졸고 「국가주의 극복과 한반도에서의 국가개조 작업: 동아시아 담론의 현실성과 보편성을 높이기 위해」, 『창작과비평』 2011년 봄호 참조.

11) 나 자신은 2007년 대선 직전에 '대한민국을 거짓말 공화국으로 만들 수는 없습니다'라는 제목의 기자회견에 참여하기도 했고, 이명박시대의 진행을 지켜보면서는 '상식과 인간적 염치를 회복하는' 일이라든가 '상식과 교양의 회복'을 거듭 주문하기도 했다(2007년 12월 17일 각계인사 33인 공동성명 '대한민국을 거짓말 공화국으로 만들 수는 없습니다'; 졸고 「지난 백년을 되새기며 새 판을 짜는 2010년으로」, 『창비주간논평』 2009.12.30, http://weekly.changbi.com/411; 「2010년의 시련을 딛고 상식과 교양의 회복을」, 『창비주간논평』 2010.12.30, http://weekly.changbi.com/504. 본서 제6장).

대대적으로 저질러지고 있는 것이다.

이러한 '기본적인 것의 회복'을 2013년체제에서 어떻게 구현할지는 현실에 대한 정확한 분석과 대중의 정서를 감안한 전략적 선택을 요한다. 그 본격적인 탐구는 나보다 준비가 잘된 분들에게 맡기고 우선 떠오르는 생각을 간략히 밝힌다면, 국정목표 차원에서는 앞서 복지문제와의 결합을 제의한 '공정·공평'이라는 의제가 그중 방불하지 않은가 한다. 이명박정부의 공정사회론도 그것이 결과적으로 특유의 국어교란 현상의 일부가 되어버려서 그렇지, 한국사회에 절실히 필요하고 국민이 바라는 바에 영합한 것은 분명하다. 이에 대해 김대호 사회디자인연구소 소장은 "'양극화 해소' 못지않게, 아니 그보다도 더 중요한 시대적 화두이면서도 담론세계에서 제대로 대우받지 못한 '공정'이라는 가치를 대통령의 입으로나마 정치사회적 화두로 만든 것은 다행스러운 일이다"라고 일단 평가하면서, "'공정'과 '공평'을 오염시키지나 않을지 걱정이다"라고 덧붙였다.[12] 그는 '공정성(기회, 조건, 출발선의 평등)'과 '공평성(경쟁 결과의 합리적 불평등, 특권·특혜의 적정화)'을 구별하며 양자를 동시에 추구하되 특히 진보진영이 소홀히해온 후자를 강조할 것을 주장해왔는데, 공정과 공평의 정확한 개념에 관해서는 다양한 견해가 가능하겠다. 그러나 대중운동과 현실정치의 슬로건으로는 공정·공평·정직·정의 등을 두루 포괄하는 하나의 표현을 선택할 필요가 있

---

12) 김대호 「'공정'과 '공평'을 오염시키지나 않을지 걱정이다: 이명박 대통령의 8·15 경축사를 보고」, 사회디자인연구소 홈페이지 2010.8.17, http://www.socialdesign.kr/news/articleView.html?idxno=6181.

을 것이다. 비록 오염되었지만 대통령 덕분에 널리 전파된 '공정사회'를 전유(專有)하도록 할지, 아니면 '공평사회'나 다른 어떤 용어를 대안적 구호로 내걸지, 이 또한 '선수들'이 중지를 모아 결정할 일이다.

요는 복지담론만으로는 제대로 수용하기 힘든 시대적 과제를 짚을 줄 알아야 한다는 것이다. 예컨대 노무현 대통령이 역설하던 '원칙과 상식이 통하는 사회, 특권과 반칙이 통하지 않는 사회'는 지금도, 아니 이명박정부를 겪은 지금에야말로 더욱더 국민적 갈망의 대상이다. 또한 진보진영이 강조하는 '노동이 있는 복지'도 결국 공정·공평과 직결된다. 다만 이때 '경쟁사회의 지양'이라거나 '비정규직 근절' 같은 관념적 구호가 아니고 한국사회의 구체적인 불공정·불공평·불투명 구조에 상응하는 정교한 처방이 필요할 것이다.[13] 검찰을 비롯하여 방송통신위원회, 국가인권위원회, 중앙선거관리위원회 등 정권으로부터의 독립성이 생명인 국가기관들의 공공성을 회복하는 일도 공정·공평의 이름으로 실현해야 할 과제다.[14]

---

13) 이 또한 김대호의 지론인데(예컨대 「진보의 집권? 그거 어렵지 않다!」, 사회디자인연구소 홈페이지 2010.12.23, http://www.socialdesign.kr/news/articleView.html?idxno=6264), 그와 별도로 김종엽도 '과잉경쟁과 과소경쟁의 이중구조'를 지적하면서 "어디에 경쟁을 도입하고 어떤 경쟁을 완화해야 하는지를 가리는 지혜로움"을 주문한 바 있다(김종엽 「진보-보수의 담합과 경쟁의 이중구조」, 『창비주간논평』 2009.11.18, http://weekly.changbi.com/312).

14) 그중 가장 시급하고도 힘겨운 과제가 검찰개혁일 듯하다. 이에 관해 제12차 공평사회포럼(2011.4.15)에서 서보학 교수가 발표한 「검찰의 현주소와 법치주의의 위기」 참조(http://www.socialdesign.kr/news/articleView.html?idxno=6344).

환경문제의 여러 차원들

평화체제, 복지국가, 공정·공평사회 등이 2013년체제의 주요 과제를 모두 망라할 수는 없다. 다만 정치 및 운동의 표어는 한정된 수효라야 위력을 지니기 때문에 취사선택이 불가피한데, 어떤 것을 앞세울지는 토론해볼 사안이다. 예컨대 교육문제는 넓은 의미의 복지에 포함될 수도 있지만 2013년체제 속의 교육에 관한 별도의 구체적인 설계가 어떤 식으로든 제시되어야 할 것이다. 또한 성차별 철폐는 평화와 복지, 공평 담론에 모두 연계되지만 그 자체를 '3대 과제' 또는 '4대 과제'의 하나로 부각해야 한다는 논리도 가능하겠다.

환경문제도 마찬가지다. 나 자신은 기존의 생활양식을 친환경적이고 생명존중적으로 바꾸는 '생태전환'이야말로 우리의 미래설계에서 핵심을 이루며 앞서 말한 '기본적인 것'과 직결된다는 생각이지만, 2013년체제의 주요 구호로 그것을 내걸기에는 너무 장기적이고 범인류적인 목표가 아닐까 한다. 다만 그것은 원대한 과업인 동시에 지금 당장 절약하고 절제하며 배려하는 생활태도에서 시작되어야 할 성격이므로 평화나 복지, 공정·공평 등의 온갖 현안에 그러한 인식이 배어들어야 하며, 환경문제가 정당들의 정강·정책에서 차지하는 비중이 획기적으로 늘어나야 할 것이다.

환경문제가 단기·중기·장기의 여러 과제를 결합하고 있음을 실감시켜준 것이 지난 3월 11일 일본 동북지방의 대지진과 쓰나미에 따른 후꾸시마 다이이찌(福島第一)원자력발전소 사고다. 일본정부의 공식 판정으로도 체르노빌과 같은 7등급 사고에 해당하는 이 참사에서 일본인과 한국인 그리고 세계가 어떤 교훈을 실제로 얻을지는 지켜볼 일이다. 그러나 지금의 인류가 후손들의 안녕은 아랑곳없이 당장의 편리를 추구하며 무모하고 무책임하게 살고 있음을 충격적으로 보여준 것이 이번의 원전사고다. 동시에 기후변화에 대처하는 일과 마찬가지로 지금 당장에 팔을 걷고 나서더라도 해결에는 장구한 시간이 걸릴 문제다. 무엇보다 그것은 우리 인간이 어떻게 살 것인가에 관해 근대세계체제가 제시하고 음양으로 강요해온 것과는 다른 답을 찾는 일이다. 동시에 에너지 절약과 친환경에너지로의 정책우선순위 변경 등 각종 중·단기 사업을 곧바로 시작할 것을 요구하기도 한다.

눈앞의 과제로는 원전의 안전성 문제가 있다. 이는 기술적인 능력뿐 아니라 관계기관의 신뢰성과 책임성 그리고 정보의 투명한 공개 등 민주주의 및 공정·공평 원칙과 직결된 문제다. 게다가 한국에서는 평화의제와의 연결이 각별한데, 북과의 대결 추구가 어느 모로 보나 위험천만이지만 좁은 땅에 그 많은 원자력발전소를 지어놓고 군사력이 좀 앞섰다고 일전불사를 외쳐대는 이들의 무모함은 어이가 없을 정도다.

크게 보면 이 모든 것이 상식과 교양 및 인간적 염치의 회복이라는 문제로 돌아온다. 그리고 그것이 정권교체나 정치권 주도의 노력만으로 될 일이 아님은 명백하다. 몇몇 인사들의 무교양과 몰상식 그리고 부도덕에서만 문제가 비롯되었다기보다 국민들 다수의 생명경시 습성과 정의감 부족, 그리고 비뚤어진 욕망에 뿌리를 둔 것이기 때문이다. 하루이틀에 바로잡힐 일이 아니며, 세상과 자신을 동시에 바꿔나가는 노력을 각자의 삶에서 꾸준히 진행할 필요가 있는 것이다. 그러나 사회분위기가 일신될 때 비로소 많은 사람들이 그런 노력을 제대로 시작할 수 있을 터이기에, 아무래도 2013년(또는 2012년)의 결정적인 전환을 꿈꾸지 않을 수 없다. 다행히 그러한 전환을 위해 필요한 뼈저린 반성을 할 기회가 지난 3년여 동안 유독 많았다. 그 점에서 우리는 이명박시대에 감사해야 할지 모르겠다.

4. 2010년 말, 2011년 초의 한반도 정세

2011년 및 2012년에 관한 논의를 뒤로 돌리는 역순을 밟기로 했지만 실은 올해(2011)의 한반도 정세와 한국 현실에 대해 직·간접으로 이미 많은 이야기를 한 셈이다. 한반도평화체제를 포함한 새로운 현실에 대한 갈구가 더욱 절실해진 것도 작년 이래의 남북관계가 휴전 이후 최악으로 치달았고 그에 따른 국내 수구세력의 몰상식이 극에 달했기 때문이다. 비록 요즘 들어 긴장완화를 위한 미·중·북 등의 선제적 시도에 한국정부가 조금씩 끌려가는 형국이긴 하지만, 2013년 이전에 어떤 획기적 전환이 일어나기는 힘들다는 인식이 여전히 불가피한 것 같다.

분단체제 말기국면의 남북한

작금의 한반도 정세에 대한 상세한 진단은 생략한다. 다만 거듭 강조할 점은, 남북대결이 첨예해지고 전쟁재발의 기운마저 감돈다고 해서 분단체제가 다시 고착되고 안정될 수 있는 현실은 아니라는 것이다. 정반대로, 분단체제는 이제 올바른 극복의 길을 찾지 못하는 한 그 누구도 안전하게 관리할 수 없는 말기국면에 들어서 있다. 이는 또한 단순히 남북관계의 악화만이 아니라 남과 북 내부에서 갖가지 퇴행현상을 낳고 있기도 하다.

통일에 냉담한 사람들은, '통일 않고도 우리끼리 잘살면 되지 굳이 통일하려고 애쓸 필요 있느냐'고 곧잘 말한다. 하기야 그럴듯한 말이다. 잘사는 게 뭔지는 모르지만, 통일 않고도 잘살 수 있다면 굳이 통일문제로 속 썩을 필요가 어디 있겠는가. 문제는 그게 가능하냐는 것이다. 아니, 통일도 않고 통일문제에 관한 진지한 고민도 없이 살려고 할 때 우리가 어떤 삶을 살게 되는지를 확실하게 보여준 것이 2008년 이래의 세월 아닌가. 물론 이 기간에 그 어느 때보다 더 잘살게 됐다고 뽐내는 이들도 있다. 그러나 다수 민중은 우리 사회가 분단체제극복과정에서 이탈하거나 역주행할 때 바로 지금처럼 날로 각박해지고 살벌하고 어수선하고 분통 터지는 삶을 살아야 함을 체득하고 있는 것이다.

북조선사회 역시 분단체제의 말기현상이 두드러지는 것 같다. 핵무기 개발만 해도, 북측 당국은 미국의 적대정책을 그 명분으로 내놓지만, 또 그것이 안보논리로 전혀 이치에 안 닿는다고는 할 수 없지만, 크게 봐서 흔들리는 분단체제 속에서 정권과 체제를 지켜내려는 절박한 승부수에 해당한다. 문제는 군사강국화 자체가 융성한 나라를 만들지는 못한다는 것이다. 도리어 민생과 인권의 개선을 더 어렵게 만들기 십상이다. 북측이 자랑하는 자주성 차원에서도 중국의존이 심화된 지난 2~3년간을 후퇴로 규정할 수밖에 없다. 권력승

계의 방식으로 3대 세습을 택한 것도 그 사회의 위기의식을 반영한
다 하겠다. 다만 그것이 남쪽에서 비난의 목소리를 높이는 것처럼
무슨 갑작스런 타락현상은 아니다. 분단체제 아래서 정상적 사회주
의국가로의 발전이 어렵다는 점은 일찍부터 예견되는 바였고, 북의
'왕조적' 성격이 점차 짙어져온 현실이 3대 세습 구도의 공개로 극
적으로 드러났을 따름이다.[15] 그 자체로만 본다면 이런 성격의 사회
에서 최고지도자가 연로하고 건강이 불확실할 때 후계자를 결정하
고 당의 체제를 정비한 것이 그나마 분단현실의 관리에 유리한 면
도 있을 법하다. 적어도 현실의 안전한 관리를 일차적 목표로 삼았
을 때 그러한 가능성에 대한 진지하고 실용적인 검토를 생략할 수
없을 것이다.

천안함사건과 분단체제 특유의 남 탓하기

사실 분단체제가 고약한 이유 중에 하나는 남북한 각각이 상대방
(또는 북의 경우 주로 미국)에 대한 남 탓하기로 성찰과 비판을 봉
쇄하는 기제를 내장하고 있다는 점이다. 사례는 남북 각기에 무수히
많지만 작년 3월 남녘에서 벌어진 천안함사건이 하나의 본보기다.
당국과 거대언론은 비판자들이 처음부터 북한 옹호에 나섰다고 몰
아세우기 일쑤인데다, 그렇게까지 몰고 가지 않는 경우에도 비판자
들이 천안함 침몰의 '진상'은 못 밝히면서 '의혹제기'만 하고 있다
고 공격하곤 한다. 그러나 정부에 의한 부실·왜곡·허위 발표와 각

---

15) 3대 세습이 실현된 '김정일 이후'에 대해서는 본서 제3장 참조.

종 국민기만 행위의 진상은 이미 밝혀진 것만도 수두룩하다. 그에 대한 책임을 제대로 묻고 법치를 바로 세우기만 해도 나머지 진상마저 밝혀질 확률은 몇배 늘어나게 되어 있다. 사실 이런 법치훼손과 국가기강 문란이야말로 진정한 보수주의자라면 앞장서 규탄해야 마땅하다.

그런데도 이런 것이 제대로 문제삼아지지 않은 까닭은 무엇인가? 정부가 '배 째라'고 버티는 것이 가장 큰 이유이고 이 땅의 자칭 보수주의자들 가운데 진정으로 합리적이고 원칙있는 보수주의자가 드문 것이 또 하나의 이유지만, 국민들이 아무튼 북측 체제가 나쁜 체제고 북측 당국이 우리 정부보다 훨씬 나쁜 집단이라는 인식을 갖고 있기 때문인 것도 부인할 수 없다. 그런데 그 인식 자체가 타당하다고 해도 남녘에서 일어나는 모든 나쁜 일이 북측의 소행이라고 단정하는 것은 논리의 비약이다. 이런 엉터리 논리에 사로잡혀 있는 한, 우리에게 향상은 없다.[16] 남한이 그나마 북조선보다 나은 사회가

---

16) 최근의 농협 전산망 파손사건이 북한에 의해 저질러졌다는 검찰 발표도 우리의 향상을 가로막는 역할을 톡톡히 하는 것 같다. 물론 나는 사건의 진상에 관한 일가견이 있을 리 없지만, 검찰 발표의 신빙성에 대해서는 진보매체들은 차치하고 『동아일보』마저 의문을 제기하는 상황인데(「["농협 해킹은 北 소행"]전문가들이 보는 검찰 발표 의문점」, 『동아일보』 2011.5.4, A2면), 이런 발표의 가장 심각한 후유증은 진실을 규명하고 우리 내부에서 필요한 문책을 하려는 노력이 실질적으로 중단된다는 사실이다. 군과 국가도 막지 못한 북한의 공격을 당한 농협측의 책임은 대폭 경감되며, 북한이 아닌 다른 범인이 저질렀을 가능성에 대한 일체의 조사가 불필요해진다. 아니, 자칫 북한을 옹호하는 행위로 몰릴 위험마저 걱정해야 한다. 이런 풍토에서는 앞으로 다른 유사한 사건이 벌어지더라도 북한만 욕하면 다른 노력이 불필요해질 수 있다.

된 것은 우리가 바로 그런 논리에 얽매이지 않고 향상할 줄 알았기 때문이다. 남 탓하기가 고질화된 분단체제 속에서도 우리 남녘의 나쁜 점부터 바로잡자고 나선 시민들이 4·19와 5·18, 6월항쟁을 일으켜가며 피흘리고 싸운 덕분인 것이다.

분단체제는 남북이 서로 적대적이고 단절된 사회이면서도 동일한 '체제'라고 말할 만큼 쌍방 기득권세력이 공생관계에 있고 양쪽이 나쁜 점을 서로 닮아가며 재생산되는 구조다. 동시에 엄밀한 의미의 사회체제는 아니고 세계체제가 한반도를 중심으로 작동하는 국지적 현실에 해당하는 것이기에, 애당초 남북분단을 주도한 현존 세계체제의 패권국을 포함해 수많은 외세가 개입해서 굴러가는 다소 느슨한 의미의 '체제'이다.[17] 그러므로 한반도에서 벌어지는 각종 불행한 사태에 대해 분단체제의 여러 주체들이 각기 얼마큼씩 책임을 져야 하는지를 정확히 가려내기가 쉽지 않다. 그렇기는 하지만 북녘 인민의 참상에 대해 북측 정권이 일차적 책임을 져야 하듯이, 우리 남녘 시민은 이명박정부 출범 이래 6·15공동선언과 10·4선언 등 최고위급 합의를 실질적으로 부정하여 남북관계를 후퇴시킨 한국정부의 막중한 책임에 눈감을 수 없다. 천안함사건에 대한 정부 발표가 못 믿을 것이라면 더욱이나 그렇다. 동시에 이런 정부를 만들고 이런 사태를 막지 못한 남쪽 국민들의 책임 또한 가볍지 않다. 나 자신은 한반도문제 해결에서 남쪽의 민간사회가 쌍방 당국에 더

---

17) 한국 및 한반도와 관련된 세가지 다른 차원의 '체제'에 관해서는 『흔들리는 분단체제』 제1장 「분단체제극복운동의 일상화를 위해」 19~22면 참조.

해 '제3당사자'로 참여해야 한다고 주장해왔는데,[18] 그런 자긍심을 지켜내려면 2012년 한국의 선택을 우리의 긴요한 과제로 삼지 않을 수 없다.

5. 2012년 한국의 선택과 2011년의 과제

2012년이 남다른 것은 국회의원 총선거와 대통령선거가 잇따라 시행되는 해라는 점이다. 게다가 대선을 불과 8개월 앞두고 총선이 벌어진다. 따라서 총선승리가 대선승리를 위해서도 결정적으로 중요하리라는 분석을 이미 여러 사람이 내놓았다.[19] 과거에 한차례의 선거패배가 국민들의 견제심리를 자극해서 다음번 선거에 도리어 유리해지는 일도 적지 않았지만, 두 선거 사이의 간격이 짧은 경우—2007년 대선 직후의 2008년 총선이 그랬듯이—견제보다 안정적인 국정운영에 민심이 쏠리기 십상인 것이다. 더구나 이명박정부와 한나라당 지배 국회 4년을 겪고도 총선에서 저들을 응징하지 못하는 야권이라면 유독 대통령만 자기 쪽에서 뽑아달라고 국민에게 호소할 면목이 없지 않겠는가. 실제로 2010년 6·2지방선거에서 최근의 4·27보궐선거에 이르는 흐름을 보면 야권이 하기에 따라 다

---

18) 예컨대『어디가 중도며 어째서 변혁인가』제4장「북의 핵실험 이후: 남북관계의 '제3당사자'로서 남쪽 민간사회의 역할」참조.
19) 이해찬 전 국무총리도 그중 하나다(이상돈·김호기의 대화「이해찬 전 총리를 만나다」『경향신문』2011. 4. 25, 제5면 참조).

음 총선에서의 압승도 내다볼 수 있는 상황이 다가와 있다.

인물만 바뀐 '포스트MB'에 대한 기대는 또 한번의 '너무 작은 원'

그런데 18대 대선은 이명박 대통령의 퇴임을 전제한 선거다. 더구나 이명박정부 초기부터 대통령과 일정한 거리를 두고 더러 맞서기도 하면서 여론의 높은 지지율을 누려온 박근혜 전 대표가 한나라당 후보로 나설 공산이 크다. 그의 인기가 단순히 선대의 후광 덕이라거나 이명박 대통령의 교양부족과 정치적 신용불량에서 얻은 반사이익에 불과하다는 일각의 평가도 전적으로 수긍하기는 어렵다. 오히려 남다른 감각과 내공을 지닌 정치인이라는 관측이 유력하며, 일찌감치 복지국가를 주장하고 나옴으로써 전면적 복지를 둘러싼 여야간의 논쟁에서 비켜선 채 그 최대 수혜자가 될 가능성이 없지 않다. '망국적 포퓰리즘'도 아니고 '반복지주의'도 아닌 중도적 복지론자로, 게다가 적어도 약속한 범위의 복지만은 확실히 실행할 '원칙과 신뢰의 정치인'으로 자신을 부각시킬 수 있는 것이다.

하지만 설령 여러 미덕과 강점을 갖췄더라도 우리 국민이 박근혜정권을 이명박정부의 대안으로 선택한다면 2007년에 이어 또 한번 '너무 작은 원'을 세운 꼴이 될 것이다. 정녕 2013년에 세상을 크게 바꾸겠다는 것이라면, 이명박정부에 대한 단순한 거리두기가 아니라 그 폭주에 대한 뼈저린 성찰과 분노를 표출해야 하고, 남북이 공유하는 2013년체제를 자신들의 기득권에 대한 최대의 위협으로 아는 세력을 제어할 수 있어야 하며, '잘살아보세'라는 구호 아래 인간다운 삶의 시도가 곳곳에서 짓눌리던 시절과 그 연장선상에서의 시혜적 복지를 넘어 질적으로 다른 '잘사는 삶'에 대한 설계가 있어야 한다. 단순히 '이아무개보다야 박아무개가 훨씬 낫지' 하는 식이라면 한때 부분적인 개선이 있더라도 결국은 현 체제의 혼란이 더욱 연장될 수밖에 없을 것이다.

문제는 야권이라고 그런 서원과 기획이 있느냐는 것일 테다. 더구나 대통령선거의 성격상 기획뿐 아니라 인물이 있느냐는 물음이 따르게 마련이다. 하지만 인물부재론은 한편으로 냉정한 현실인식의 표현이지만 다른 한편 여전히 작은 원에 머문— 전태일 열사의 표현을 빌리면 '희망함이 적다'는 사람들의 공통된 약점을 벗어나지 못한[20]—타성적 발상이다. 각자가 지극한 정성과 공부로 세상을 바꾸는 사업에 나서기보다 누군가 '인물'이 나와서 해결해주기를 바라는 심정이 작용하고 있는 것이다.

2008년의 촛불시위나 2011년 초의 이집트 시민혁명에서 보듯 지금은 오히려 지도자에 얽매임 없이 대중들 스스로 힘을 쓰는 시대다. 그리고 이런 사건들을 가능케 한 '쏘셜 네트워크 써비스(SNS)'는 앞으로 1년 내지 1년 반 사이에 또 한번 몰라보게 발달하고 확장할 것이다. 물론 대중시위와 달리 선거에서는 후보감이 필수적이다. 그러나 2012년이 여느 선거와 달리 세상이 한번 크게 바뀌는 전환점에 해당한다면, 중요한 것은 많은 시민들이 뜻을 세우고 기상을 크게 떨치는 일이요, 후보는 새 인물이 나올 수도 있고 드러난 인물이

---

20) "사람들의 공통된 약점은 희망함이 적다는 것이다."(조영래 『어느 청년 노동자의 꿈』, 돌베개 1983, 170면; 개정판 『전태일 평전』, 아름다운전태일 2009, 217면)

성장해서 감당할 수도 있는 것이다.

4·27보선과 연합정치의 미래

그런 점에서 2012년에 대선보다 총선이 먼저 있다는 것이 야당들로서는 행운이라면 행운이다. 전체 야권을 이끌어갈 인물이 그전에 떠오른다면 더 바랄 나위 없지만, 그렇지 못한 상태에서 총선 후보들이 연대와 연합의 힘으로, 그리고 '2013년체제'를 향한 공통의 정책구상을 들고 승부하는 귀중한 기회를 가질 것이기 때문이다.

같은 논리로, 2011년 4월의 재·보선은 총선승리를 예비하는 값진 기회였다. 공동정부 구성이라는 지렛대가 작동하는 대선보다 국회의원 하나씩만을 뽑는 총선의 경우에 연합정치가 더 어렵고, 몇자리 안되는 보궐선거에서는 더욱더 힘들다는 것이 정설이다. 그래서 재·보선에서의 연합은 아예 단념하고 단일통합정당 결성에 진력해야한다는 논리도 나왔다. 그러나 자그만 틈새라도 최대한으로 비집고들겠다는 지극정성의 소중함을 확인해준 것이 이번의 야권 승리다. 선거를 통한 이명박정부 심판을 가능케 할 '1대1 구도'에 대한 민심의 요구는 그 어느 때보다 명백했고, 동시에 유권자들이 단일화의 과정이나 선정된 후보의 인물됨도 냉엄하게 판단하고 있음을 보여주었다.

따라서 연합정치도 또 한차례의 진화가 없이는 2012년의 총선을 감당하지 못할 것이다. 그 최선의 경로가 '통합'(=단일야당의 건설)일지 '연대'(=부분적 통합을 거치더라도 결국에는 복수 야당간의 연대)일지에 대한 논의도 더 해볼 일이다. 다만 '연대는 어차피 안되는 거니까 통합밖에 없다'는 일방적 단정이나 '이번에 다당 연대가 어쨌든 통했으니까 다음에도 그런 식으로 하면 된다'는 안이한 사고는 일단 넘어선 논의가 되어야 한다. 그리고 통합을 하건 연대를 하건 모든 정당이 독단주의와 패권주의에 휘둘리지 않을 자기혁신을 수행해야 한다.

무엇보다 중요한 것은 2013년 이후의 어떤 세상을 위해 연합정치를 할 것인가에 대한 광범위한 국민적 공감을 형성하는 일이다. 그런 공감이 사람들의 마음속을 뜨겁게 달군 상태라면, 그 염원을 달성해줄 수 있는 방법은 무엇이든지 좋다는 넉넉한 심정이 자리잡게 되고 소집단의 이익을 위해 오직 하나의 경로만을 고집하는 정치인들의 설 자리가 좁아질 것이다.

마음밭을 가꾸는 공부와 세상을 바꾸는 사업을 동시에

2012년 한국의 선택은 남한은 물론 한반도 전체를 위해, 나아가 후꾸시마 이후 새 길을 모색하고 있는 일본을 포함한 동아시아 전체를 위해 결정적으로 중요하다. 그렇다고 2011년을 선거준비로만 보내서는 선거승리조차 어려울 것이다.

시민운동의 다양한 현장에서 일해온 활동가들에게는 이 점을 새삼 강조할 필요도 없다. 시민운동의 일상적 노력이 축적된 바탕 위의 선거승리만이 세상을 바꿀 수 있을 터인데, 선거 때까지 기다릴 수 없는 일들이 너무나 많다. 쌍용자동차 해고노동자들의 죽음이 지금도 잇따르고, 삼성전자 노동자들은 산재 인정도 못 받은 채 사망하거나 중병으로 시들어가고 있다. 아니, 제법 산다는 계층의 자녀와 어른 들도 높은 자살률로 이른바 잘사는 삶의 공허함을 증언하고 있다. 4대강도 죽어가는 생명의 일부요 거기 의지해 살아온 수많은 생령의 학살이 어떤 과보(果報)로 돌아올지는 생각만 해도 끔찍하다. 침출수로 인한 환경재앙의 가능성은 요즘 다른 사건들에 묻힌 느낌이지만, 인간이 제멋대로 밀집사육했다가 제멋대로 대량 살처분한 짐승들의 원혼이 곱게 물러가고 말지도 두고볼 일이다.

무엇보다 이렇게 나라가 온통 난장판인데도 우선 내 먹을 것 있고 내 집값이나 좀 올라주면 나머지는 알 바 없다거나, 이 나라에 대해 그렇게 말이 많을 거면 이북에 가서 살지 그러느냐고 하면서 지내다보면, 각자의 마음마저 황폐해지기 마련이다. 이런 황폐한 심전(心田)에서 독재정치와 불공정사회가 자라나고, 자칫하면 짐승 대신에 인간이 대량 살처분되는 전쟁이 터지거나 대규모 재해를 만날 수도 있는 것이다. 그렇기에 마음밭을 잘 가꾸는 공부와 세상을 바꾸는 사업, 시민사회의 각 분야에서 그날그날의 문제를 해결하는 작업과 한반도에 평화체제를 설계하고 남북연합을 준비하는 작업 들이 동시에 진행되어야 한다. '시민참여형 통일과정'이란 바로 그런 것이라고 말할 수 있다.

■ 시민평화포럼 주최 '2011 평화와 통일을 위한 시민활동가대회'의 기조발표문으로 작성되었던 이 글은 이후 약간 수정을 가하여 일부 지인들과 공유하며 조언을 들었다. 그러다가 『실천문학』 2011년 여름호에 활자화할 기회를 얻으면서 그간의 정세변화를 감안하고 여러 도움말을 참고하여 큰 폭으로 고쳐썼다. 동시에 각주를 달고 문장도 문어체로 바꾸어 좀더 논문에 근접한 형식을 갖추고자 했다. 애초 발표 때 토론에 동참해준 분들과 이후 조언해준 분들, 대회를 주관하고 기조발표를 맡겨준 시민평화포럼(공동대표 이승환 이용선 정현백) 및 준비위원회 여러분, 훌륭한 장소를 마련하고 참가자들을 따뜻하게 맞아준 정성헌 한국DMZ평화생명동산 이사장 등 모든 이들께 두루 감사드린다.

2

동아시아와 한반도에서
새로운 시대를 열기 위하여

오늘 이 귀중한 자리를 마련해주신 키무라 토모요시(木村知義)님을 비롯한 21세기사회동태연구소(21世紀社會動態研究所) 여러분께 진심으로 감사드립니다. 저의 글 제목에 '새로운 시대를 열기 위하여'라는 표현을 썼습니다만 새 시대가 저절로 열리기를 기다리지 않고 '우리 힘으로 열자'는 것이 연구소 여러분의 취지라 믿고 공감하여 감히 이런 제목을 택했습니다. 그런 실천적 의지를 빼고, 시대가 어떻게 진행하고 있는지를 과학적으로 분석하는 일이라면 문학평론가이자 영문학도인 저는 자격 미달의 아마추어일 수밖에 없습니다.

제목에서 '동아시아와 한반도'를 말하면서 '일본'이 빠진 것은 첫째는 오늘 이 자리에서 동아시아를 논할 때 일본이 포함되는 것은 너무나 당연한 일일 테고, 둘째는 그렇더라도 제가 일본에 대해 너무 무지하기에 일부러 주목을 덜 받으려고 피해간 면도 있습니다. 어쨌든 발표는 일본에 관한 이야기로 시작하겠는데, 다만 외국에 사는 동아시아인으로서 일본사회에 거는 기대를 중심으로 말씀드리겠습니다.

1. 동아시아인으로서 일본사회에 거는 기대

① 동아시아 이웃나라의 많은 사람들이 일본사회에 기대보다는 불신과 우려, 심지어 적대감을 품고 있는 것이 현실입니다. 일차적으로 이는 19세기 중반 동아시아의 근대가 시작된 이래 일본이 이웃나라를 침탈하고 압제한 역사에 기인할 것입니다. 나아가 군사적 침략을 더는 범하지 않은 1945년 이후에도 지난날 이웃사람들에게 입힌 피해에 대해 진심으로 반성하고 있다는 느낌을 못 주기 때문이기도 합니다.

그러나 일본을 빼고 동아시아의 새 시대를 여는 길은 없습니다. 올해(2011) 들어 GDP(국내총생산) 기준으로 세계 제2경제대국의 지위를 중국에 뺏긴 것은 사실이지만, 제3의 경제대국이라는 지위도 결코 가벼운 것은 아닙니다. 더구나 1인당 국민소득 기준으로는 중국에 가마득히 앞서 있고, 면적과 인구에서도 유럽의 최강국 독일을 능가합니다. (면적의 경우 영토뿐 아니라 영해와 전관경제수역EEZ까지 포함하면 독일과의 차이가 더욱 벌어지지요.)

또한 일본이 메이지유신(明治維新) 이후 '탈아입구(脫亞入歐)'의 길을 걸으면서 축적해온 학문과 기술, 제도 상의 자산도 엄청납니다. 탈아입구 노선이 이웃나라뿐 아니라 일본사회에도 커다란 불행을 가져왔고 그에 따른 일본과 여타 동아시아 사이의 분열이 아직껏 치유되지 않고 있는 것은 사실입니다. 하지만 일본의 아시아 복귀가 원만하게 이루어질 경우 일본사회가 축적한 온갖 자산이 곧 동아시아의 자산이 되며, 아시아가 유럽과 아메리카 등 바깥세계와 협동하여 새로운 인류문명을 건설하는 데 결정적인 이바지가 될 것입니다.

② 일본이 그 경제적 비중과 문화적·기술적 역량에도 불구하고 동아시아인의 기대에 부응하지 못한 데에는 정치권과 시민사회의 무기력이 중요하게 작용했다고 믿습니다. 그런 상황에 뜻있는 변동을 가져온 것이 2009년에 이룩된 54년 만의 정권교체였습니다. 이후 민주당정권의 무능과 표류로 당시의 기대가 환멸로 바뀐 바 많습니다만, 일본에서도 시민들의 힘으로 정권을 바꿀 수 있음을 보여준 2009년 선거의 의미는 여전히 무시할 수 없다고 저는 믿습니다. 게다가 하또야마 유끼오(鳩山由紀夫) 수상의 '동아시아공동체' 구상은 개별 논객이 아닌 국정 최고책임자가 '탈아입구' 노선의 수정을 선포한 최초의 예였습니다. 이 또한 지금은 한때의 구상으로 끝나버린 형국이지만 언제든지 새로 싹틀 수 있는 씨앗을 심어둔 것이라고 생각합니다.

제가 보아도 일본의 정국은 당분간 혼미상태가 지속될 듯합니다. 반면에 일본이라는 나라 전체로 보면 3·11대지진과 지금도 지속중인 후꾸시마 원전사고로 8·15패전에 버금가는 전환기를 체감하고 있는 듯합니다. 이러한 실감이 일본 근대화의 주도이념인 탈아입구·부국강병 노선에 근본적인 변화를 가져올지는 지켜볼 일이지만, 어쨌든 동아시아와 한반도의 새로운 시대를 꿈꾸는 저로서는 일본사회에 대한 기대를 쉽게 포기할 수 없는 것입니다.

2. 한반도 주민들의 관건적 역할

① 일본사회가 제 몫을 하기 위해서도 한반도 주민들의 역할이 관건적이라고 말하면 한국인 특유의 한반도중심주의라 생각하실지 모르겠습니다. 그러나 예컨대 이런 상상을 한번 해보십시오. 물론 이것은 역사의 영역에서 가상의 영역으로 옮겨가는 이야기입니다만, 1910년 일본에 의한 강제적 병합을 저지할 만한 역량이 대한제국에 있었더라면 일본인들의 운명 또한 크게 달라지지 않았을까요? 한반도를 병탄하지 못했다고 일본이 서구 열강의 지배하에 들어가는 일은 없었을 테고, 오히려 작년(2010) 11월 서울에서 열린 동아시아평화포럼에서 사까모또 요시까즈(坂本義和) 선생이 제기하신 대로 "20세기 초부터 3국(한·중·일)이 협력하여 동아시아 공동 내셔널리즘을 만들어내"[1]는 일이 가능했을 것이며, 거듭된 전쟁을 거쳐

1) 坂本義和「東アジア共生の條件: 21世紀に國家を超えて」,『世界別冊』No. 816『共存共生の東アジアを』, 岩波書店 2011, 164면. '공동 내셔널리즘'은 다소 모순적인 표현일 수 있는데, 서구 제국주의에 맞선 민족주의적 저항을 공유하는 지역연대로 이해하면 무방하리라 본다.

드디어 원자탄 폭격마저 당한 일본민중의 극심한 수난을 피할 수 있었을 것입니다.

패전 이후 일본사회가 구체제를 제대로 청산하지 못하고 '탈아입구' 노선을 '탈아종미(脫亞從美)'로 변주하여 지속해온 데에는 8·15 이후의 한반도 민중이 통일국가를 건설하지 못하고 한국전쟁의 참화를 막지 못한 것이 결정적으로 작용했습니다. 게다가 일본정부가 식민지지배의 잘못을 공식적으로 반성하고 사과한 후에도 식민지 조선의 절반이었던 북조선에 대해서는 사죄는커녕 강압적인 배제 정책을 견지할 수 있는 것도 분단체제 남쪽 당국의 동조 내지 적극적인 부추김이 있었기 때문입니다.

② 하또야마 수상의 '동아시아공동체' 구상이 지닌 결정적인 약점도 한반도문제의 핵심성에 대한 인식이 결여되었다는 점입니다.[2] 그나마 그 정도의 구상조차 실질적인 파국을 맞이하는 과정에도 한반도 정세가 직접적으로 기여했습니다. 2010년 3월의 천안함 침몰 사건은 남북간의 긴장뿐 아니라 동북아 전역에 걸쳐 미·중대립을 격화했고, 그 와중에 하또야마 수상은 오끼나와 해군기지 문제에 대한 미국의 요구에 굴복할 계기를 찾았으며, 이는 다시 하또야마 내

---

2) 졸고「東アジア共同體」と朝鮮半島, そして日韓連帶: 日本の韓國倂呑一〇〇年にあたって(동아시아공동체와 한반도, 그리고 한일연대: 일본의 한국병탄 100주년을 맞아),『세까이(世界)』2010년 5월호 참조(내용을 약간 보완한 한국어본은 『역사비평』2010년 가을호에「'동아시아공동체' 구상과 한반도: 일본의 한국병탄 100주년을 맞아」라는 제목으로 실림).

각의 붕괴와 미일동맹의 일방적인 강화로 이어진 것입니다.

천안함사건에 관해 길게 말씀드릴 계제는 아닙니다.[3] 어쨌든 천안함 침몰이 한국정부가 주장하고 미국 및 일본 정부가 동조한 대로 북조선 어뢰공격의 결과라 해도 한반도 정세가 일본사회의 향방에 막대한 영향을 끼친다는 논지는 유효합니다. 그런데 한·미·일 당국의 발표에 과학적 근거가 부실하거나 심지어 증거가 일부 조작된 의혹마저 있다면, 이는 한국사회가 자신의 국내문제를 제대로 해결하지 못함으로써 일본을 포함한 관련국의 불의·부당한 선택을 유발한 또 하나의 사례가 될 것입니다.

③ 어쨌든 한반도에서의 남북간 충돌을 계기로 한·미·일이 한편에 서고 북·중·러가 다른 편에 서는 '신냉전구도'가 성립하리라는 관측이 한동안 성행하기도 했습니다. 그러나 왕년의 동서냉전체제에 비견할 대결구도가 재연될 조건은 존재하지 않는 것 같습니다. 중국은 미국의 최대 채권국이고 미국은 중국의 최대 수출대상국이라는 사실부터가 지난날의 미·소관계와는 너무나 다릅니다. 게다가 한반도를 중심으로 보더라도 한국은 미·일뿐 아니라 중국 및 러시아와도 수교한 상태이고 두 나라와의 경제관계도 돈독한 편입니다. 특히 중국하고가 그렇지요. 이런 상황에서 앞서 말한 '신냉전구

---

3) 필자가 일본어로 발표한 자료는 「常識と教養を回復する二〇一一年を: 韓國の安保危機の中で」『世界』 2011년 3월호 67~70면 등 참조. 한국어로는 본서 제6장과 제8장 및 「국가주의 극복과 한반도에서의 국가개조 작업」의 '덧글: 2011년의 초입에서' 106~10면 참조.

도'가 성립한다면 이는 극도로 비대칭적인 구도 속에서 북조선의 고립을 심화시키는 길밖에 안될 것입니다. 물론 그럴 경우 남한에서는 북에 대한 우위가 강화된다고 좋아하는 사람도 있을 것입니다. 그러나 상대적 열세가 심해진다 해서 그것이 곧 북조선의 '붕괴'를 뜻하지 않음은 최근 몇년의 대북제재 국면에서 분명해졌습니다. 그리고 북측이 이런 열악한 상황이 계속되는 것을 곱게 지켜만 보고 있지 않으리라는 관측이 우세합니다. 미·중간 갈등과 마찰이 지속되더라도 양국은 큰 틀에서 타협하고 협력할 것은 분명하며, 6자회담 재개를 위한 미국측의 움직임이 감지되고 있기도 합니다.

그러므로 한국정부가 '신냉전구도'에 과도한 기대를 걸고 있다가는 어느날 문득 한국은 주변 강대국들이 노는 장기판의 '졸(卒)'로 전락할 공산이 큽니다. (한국정부도 지금은 그 위험성을 뒤늦게나마 알아채가는 기미가 보입니다.) 일본정부 역시 미국과 손잡고 중국에 맞선다는 정책에 너무 매달렸다가는, 정작 미국은 일본의 지지를 적절히 이용하여 중국과 한층 유리한 타결을 해내는 꼴을 당할지 모릅니다. 물론 미국과의 관계는 한국과 일본에 다 중요한 것이고 지혜롭게 발전시켜나가야 할 문제입니다. 그러나 한·일(그리고 대만) 모두 스스로 변하며 상호연대함으로써 동아시아가 미국과 중국이 제멋대로 다투다가 제멋대로 손잡기도 하는 무대가 아니라 무엇보다 동아시아 민중의 의사가 존중되는 지역이 되도록 해야 할 것입니다.

3. 한국에서의 '2013년체제'

① 그동안 한국에서는 천안함 침몰 같은 대형사고나 남북간의 이런저런 충돌, 그리고 기후변화를 실감케 하는 태풍과 홍수 피해가 있었습니다만, 일본에서와 같은 대지진과 쓰나미 또는 치명적인 방사선 유출사고는 없었습니다. 그럼에도 불구하고 이른바 '4대강 살리기'로 포장된 무리한 토건사업으로 천재지변이 아닌 정부 주도의 대대적 환경파괴가 진행되었고, 노년층을 비롯한 서민들의 생활난이 재해 수준에 근접했으며, 원전사고 없이도 주민들의 자유와 기본권에 대한 제약이 대폭 증가했습니다. 남북관계도 마치 쓰나미에 휩쓸린 듯이 곳곳에서 무너지고 흐트러졌습니다. 어찌 보면 일본의 '3·11'에 견줄 '저강도(低强度) 대재난'이 일어난 셈입니다. 그 결과, 아무리 저강도라 해도 시민들의 간헐적 저항을 억누르며 4년여 동안 지속된 인재(人災)가 재앙 수준이라는 인식이 널리 퍼졌고, 이명박 대통령의 임기가 끝나는 2013년에 한국사회가 새로이 출발해야겠다는 정서를 보수·진보를 막론하고 많은 사람들이 공유하고 있습니다.

② 이러한 인식과 정서에 바탕한 기획 중 저 자신이 제기한 '2013년체제'론은 오늘의 혼란상이 온통 이명박정부의 실정 때문이라는 입장과는 차원을 달리합니다. 2013년 '체제'를 말하는 것은, 한국현대사에서 군사독재를 종식시킨 1987년 6월항쟁 이후에 성립된 87년체제가 제때에 새로운 단계로 진입하지 못했기 때문에, 적어도 노무현정권 중반부터 초기의 건설적 동력을 대부분 상실하고 말기적 혼

란상을 보여주기 시작했다는 인식을 전제합니다. 이명박정부가 비판받아야 할 점은 이런 혼란을 처음으로 일으켰다는 것이 아니라, 2008년을 '선진화 원년'으로 삼겠다는 이명박씨의 약속이 애당초 실현성도 없고 시대정신에도 어긋나는 발상이었던데다가, 실제로 87년체제의 말기국면을 더욱 연장하고 그 혼란상을 '재앙' 수준으로 확대했다는 점입니다.

2013년에 진정으로 새로운 시대를 열기 위해서는 87년체제의 동력과 한계에 대한 정확한 인식이 필요합니다. 여기서는 저 자신의 견해를 개략적으로 설명하는 데 머물 수밖에 없겠습니다.

흔히 87년체제를 '민주화시대'로 일컫습니다만, 저는 민주화 이외에 두가지 동력이 더 가세했다고 믿습니다. 그중 하나는 경제적 자유화입니다. 여기에는 이미 신자유주의 국면에 들어선 세계자본주의의 입김도 작용했습니다만, 적어도 87년체제 초기는 개발독재국가로부터 기업의 자유와 노동자의 권리를 동시에 얻어내는 긍정적인 과정이기도 했습니다. 다른 하나는——한국 내의 진취적인 87년체제 논의에서도 곧잘 망각되는 점이기도 한데——6월 민주항쟁 진영 일각에서 특히 중요시했던 '자주'와 '통일'에 대한 요구입니다.

1987년 이후 약 20년간 한국사회는 그 세가지 영역 모두에서 뜻깊은 성취를 이룩했습니다. 그러나 중요한 것은 그 세가지 동력이 원만히 결합하여 지속성과 상승효과를 확보함으로써 너무 길지 않은 시간 내에 87년체제 자체의 한계를 돌파하는 일이었는데, 2008년의 새 정권 출범이 그러한 계기가 되기는커녕 대대적인 역행의 시기로 귀결했던 것입니다.

③ 그러면 87년체제의 기본적 한계는 무엇이었을까요? 여러가지 해석이 있겠습니다만 저는 민주화의 성취가 어디까지나 한반도 남녘에 국한된 성취였고 따라서 1953년 휴전 이후 굳어진 분단체제를 흔들기는 했을지언정 '53년체제'의 틀을 바꾸지는 못했다는 점이라고 생각합니다. 이로써 민주세력은 분단체제 고수세력과 힘겨운 싸움을 벌여야 했고, 경제적 자유화 과정은 점차 신자유주의에 의한 국가의 공공성 축소, 재벌기업의 시장지배 확대, 노동운동의 사회적 혁신능력 상실 등의 퇴행현상을 낳게 되었으며, 김대중·노무현정권의 획기적 남북관계 개선작업도 국내 개혁의제들과의 상승효과를 거두지 못한 채 결국 2007년의 대통령선거에서 '비핵·개방·3000'이라는 터무니없는 구호를 내세운 세력에 패퇴하고 말았습니다.

그러므로 2013년체제의 주요 과제는 87년체제와 더불어 그 본질적 제약으로 작용한 53년체제를 타파하는 일입니다. 그렇다고 곧바로 통일로 간다는 것은 아닙니다. 다만 이명박정부가 파탄상태로 몰고 간 남북관계를 복원하고 교류협력을 재개하는 것만으로는 부족하다는 것입니다. 정전협정을 평화협정으로 바꾸는 등 한반도평화체제 구축과 더불어, 통일은 아니지만 완전히 별개 국가로 분립한 상태도 아닌 '남북연합'이라는 분단현실의 공동관리장치, 그러면서도 한반도의 맥락에서는 '1단계 통일'로 간주할 수 있는 단계[4]를 성

---

4) 『세까이』 2006년 1월호 인터뷰, 일역본 졸저 『朝鮮半島の平和と統一』(岩波書店 2008) 14~17면, 한국어본은 『백낙청 회화록』(전5권, 창비 2007) 제5권 186~88면 참조.

취해야 합니다. 그리고 이것은 결코 '남북문제'라는 별개의 차원에서 해결될 일이 아니라, 한편으로 베이징 9·19공동성명이 제시한 동북아평화체제 건설과 병행하면서 다른 한편 시민이 동의하고 참여하는 남한사회의 총체적 개혁과 결합된 작업인 것입니다.

④ 그것이 가능하기 위해 이 목표를 겨냥한 세력이 2012년의 양대선거, 즉 4월의 국회의원선거와 12월의 대통령선거를 모두 이겨야 하는 것은 당연합니다. 하지만 2013년체제에 대한 경륜이 뚜렷하고 그것을 집행할 실력을 갖춘 세력이 아니라면 집권하더라도 또 한번 국정의 난맥상을 보여주기 십상입니다. 아니, 실제로 선거에 승리할지도 의문입니다. 이명박정부에 대한 민심의 지탄에도 불구하고 한나라당은 정당 지지도에서 여전히 민주당을 크게 앞지르는 거대세력이며, 높은 여론 지지율을 고수해온 박근혜씨라는 후보를 보유하고 있기도 합니다.

이런 상황에서 야권의 당연한 선택은 '연합정치'입니다. 이는 2010년의 지방선거 이래 성과가 고르지 않으면서도 야권의 성공에 상당한 기여를 해왔고 이제 누구도 그 당위성을 의심치 않습니다. 다만 2012년 총선에 관해서는 야권의 '대통합' 즉 연합적 단일통합 정당을 주장하는 민주당 및 상당수 당외 인사들과, 민주당을 뺀 '진보정당'들의 통합 이후에 민주당과 '연대'한다는 또다른 주장이 대립하고 있습니다. 한동안은 그 문제를 두고 서로 만나 소통하는 일조차 꺼리는 정도였지요. 이런 교착상태를 타개하는 데도 2013년체제론이 일조를 한 셈입니다. 지난 7월 26일에 출범한 '희망2013·승리2012 원탁회의'는 '2013년 이후'의 비전을 공유하는 가운데 '2012년 선거승리'의 방안도 차츰 논의하자는 합의 아래 견해를 달리하는 시민사회의 인사 21명이 한자리에 모였고, 9월 5일에는 야 4당 대표와의 회동을 성사시켜 2012년 양대 선거와 10월 26일 서울시장 보궐선거에 공동대응한다는 원칙적 합의를 이끌어내기도 했습니다. 그 후의 진전사항이나 전망에 대해서는 나중에 토론과정에서 부연할 기회가 있겠지요.

4. 맺음말

① 앞서 20세기 초 일본의 한국강점을 막지 못하고 세기 중반에 동족상잔의 전쟁을 자초한 한반도 주민들의 역사적 실패가 일본민중의 고난을 가중시킨 사실을 언급했습니다. 그런 점에서 일본이 한국에 진 빚과는 다른 차원이지만 한국 역시 일본에 갚을 빚이 있다고 하겠습니다. 저는 한국에서 2013년체제를 출범시키고 1953년체제를 대체할 한반도의 국가연합체제를 건설하는 일이야말로 그러한 부채상환의 첩경이라 믿습니다. 제가 일본사회의 역량을 과소평가하는 것은 아니지만, 일본이 3·11의 교훈을 제대로 살려 기존의 탈아입구·부국강병 노선을 청산하고 새로운 동아시아, 나아가 새로운 인류문명 건설에 적극 나서는 일이 한국에서의 2013년체제 성취 없이도 가능하리라고는 믿기 어렵습니다. 당장에 '탈원발(脫原發)' 문제만 해도 한국정부가 지금처럼 태연자약하게 기존의 원전 건설

및 수출 계획을 밀고 나간다면 일본경제는 한국측의 '부당경쟁'으로 더욱 힘겨워질 것이며 탈원자력발전 세력의 입지가 그만큼 좁아지기 십상입니다. 더구나 일본이 아시아 나머지와의 역사적 분열을 치유하고 동아시아의 일원으로 복귀하는 일은 한반도 분단의 해소 내지 완화를 필수적으로 요구하게 마련입니다.

　② 중국의 대두가 동아시아와 세계를 위해 행복한 사태가 되기 위해서도 한국과 한반도의 새 시대가 긴요합니다. 요즘 적잖은 사람들이 'G2'를 운위하고 심지어 미국에서 중국으로의 '세력전이'(power transfer)를 거론하기도 합니다. 그러나 저는 (아마추어의 추측이긴 합니다만) 중국이 아무리 인구가 많고 GDP가 급속히 늘어난다 해도 미국의 패권적 지위를 승계하는 일은 물론이고 전반적인 국력에서 미국과 단독으로 맞먹는 일도 불가능하리라고 봅니다. 일본이 미국 편을 들고 있는 상황에서는 더욱이나 그렇지요. 하기는 중국과 일본이 협동하는 경우라면 미국과의 세력균형이 한결 달라질 것입니다. 그런데 이를 위해서는 화해·협력 및 점진적 재통합의 과정에 들어선 한반도의 존재가 필수적이 아닐까 합니다. 직접적인 중재자로서의 역할도 무시할 수 없을 테지만 새로운 공생의 원리와 분위기를 전파하는 위력이 더욱 결정적일 것입니다.

　③ 새로운 공생의 원리를 존중하는 한(=한반도연합)·중·일의 협동이 아닌 한(=남한)·중·일 3국공조는 현실적으로 정착하기도 쉽지 않으려니와, 동남아시아를 포함한 여타 국가들로부터 경계의 대

상이 될 수밖에 없습니다. 오직 동아시아 전역에 걸쳐 달성된 호혜적 지역연대만이 미국의 힘으로도 섣불리 참견하고 훼방할 수 없는 실력과 도덕적 권위를 지닐 것입니다. 이는 중국이 단독으로는 새로운 패권국가가 될 수 없으므로 유럽연합 식의 동아시아연합을 형성하여 세계체제의 새로운 패자(覇者, hegemon)가 되자는 발상과는 본질적으로 다릅니다. 현존하는 자본주의 세계체제는 그것을 구성하는 국민국가들의 배타적이고 이론상 대등한 '주권'을 전제하고 있기 때문에 특정 국가가 패권국가 역할을 수행하지 않을 경우에는 무정부상태를 면하기 어렵습니다. 하나의 패권국가가 쇠락할 때 전쟁을 거쳐서라도 패권승계가 이루어져야 유지되는 세계질서인 것입니다. 지금은 미국의 패권이 몰락하면서 새로운 패권국가(또는 패권적 국가연합)의 대두마저 기대하기 어렵기 때문에, 이제까지 경험하지 못한 지구적 질서유지 방식이 창안되지 않는다면 근대세계체제는 무질서밖에 기대할 게 없는 상황에 다다랐다고 생각됩니다. 저는 그러한 새 질서유지 원리의 발견과 실현에 동아시아가 앞장설 가능성을 언급한 것이고, 이를 위해 3·11을 겪은 일본과 수년간 '저강도 대재난'을 겪어온 한국의 민중이 힘을 합쳐 남다른 이바지를 할 수 있기를 소망하는 것입니다.

■ 이 글은 2011년 9월 25일 일본 토오꾜오(東京)에서 열린 21세기사회동태연구소(소장 키무라 토모요시) 주최 제10회 북동아시아동태연구회에서 발표한 내용이다. 발제를 마친 뒤 전·현직 언론인, 번역가, 시민운동가, 연구자, 정치인(도이 류우이찌土肥隆一 중의원 의원) 등 20여명이 허심탄회하고 알찬 토론을 벌였고 몇몇 분과는 찻집에서의 후속 회화가 이어졌다. 다만 여기서는 발제문을 약간 손질하는 것으로 만족하며, 뜻있는 모임을 만들어준 주최자와 참석자 모두에게 감사드린다.

3

'김정일 이후'와 2013년체제

김정일 국방위원장의 갑작스러운 타계는 한반도 전체로서도 큰 사건이다. 평소에 한반도에 관심이 적은 서방언론도 이를 대대적으로 보도했고 '김정일 이후'가 어떻게 전개될지 많은 논평을 쏟아냈다. 후속 김정은시대가 어떤 양상일지 누구나 궁금해할 법하다.

그런데 이런 궁금증도 있다. 북녘의 지도자 교체와 남녘에서의 2013년체제 중 어느 것이 더 큰 변수가 될까. 북녘 동포들로서야 영도자의 급서(急逝)가 당연히 최대의 사건이겠지만, 한반도 전체의 장기적 전망에서는 2013년체제의 성패, 곧 1987년 6월항쟁으로 한국사회가 한번 크게 바뀌었듯이 다음 정부가 출범하는 2013년을 그에 못지않은 새로운 전환점으로 만들 수 있을 것인지 여부가 한층 중요할지도 모른다는 것이다.

최고지도자의 급서와 '급변사태'를 구별해야

그런 생각을 하게 되는 것은 지도자의 급서가 곧 나라의 급변사태로 이어지지 않을 씨스템을 북측이 마련해놓았음이 점차 뚜렷해지고 있기 때문이다. 그 씨스템이 민주적이냐 또는 사회주의적이냐 하는 것은 별개 문제다. 오히려 왕조적 성격이 두드러진다. 매들린 올브라이트(Madeleine K. Albright) 전 미 국무장관의 회고록에는 김정일 위원장이 태국의 입헌군주제에 많은 관심을 표명했다고 나온다는데, 북조선체제가 형식과 내용 모두 태국의 그것과 거리가 멀지만 김정일에서 김정은으로의 교체가 연로한 국왕의 승하(昇遐)를 대비하여 책봉해두었던 왕세자의 등극과 흡사한 면이 있는 것이 사실이다. 이런 대비에 주목했더라면 너무 쉽게 '급변사태'를 예단하지 않았을 것이다.

북측 체제의 '왕조적 성격'에 유의한다면 김정은 당 중앙군사위 부위원장의 나이가 어리다거나 후계연습 기간이 아버지 때보다 짧았다는 사실도 당장에 큰 문제를 일으킬 것 같지 않다. 첫번째 세습의 경우는 국조(國祖)에 해당하는 김일성 주석의 비중이 워낙 크고 그의 죽음이 워낙 갑작스러운데다 공산주의혁명을 표방하고 건설된 국가의 '왕조적' 변형을 처음으로 확인하는 과정이었기 때문에 더 많은 준비가 필요했고 어쩌면 더 큰 진통이 따랐을지 모른다. 반면에 3대 세습은 김일성 가문(이른바 '백두혈통')이 아니고는 최고지도자의 지위에 오를 수 없음이 통념화된 사회에서 2대 세습으로 이미 닦아놓은 길을 따라 진행되는 사건인 것이다.

다른 한편 같은 유일체제라도 김일성과 김정일의 권력이 달랐듯이 김정은체제도 많든 적든 변용을 거쳐 형성되리라 보는 게 옳을 것이다. 김정일 위원장이 절대권력을 휘둘렀다고 하지만 선대와는 달리 그는 '수령'도 '주석'도 아닌 지위로 '선군정치(先軍政治)'라는 군부와의 일정한 타협을 전제로 권력을 행사했다. 마찬가지로 김정은이 왕년의 일본 천황을 방불케 하는 신성불가침의 존재로 옹립되더라도 그의 실질적인 통치는 당과 군 엘리뜨집단과의 또다른 관계속에 진행될 가능성이 높다. 그 새로운 씨스템이 얼마나 현실에 적합하며 '대장 동지' 자신이 얼마만큼의 정치력을 발휘하느냐에 따라 김정은시대의 명운이 갈릴 것이다.

2013년체제 건설이 핵심변수인 이유

아무튼 김정일 위원장의 육체적 생명에 대한 불확실성을 곧 북측체제의 '급변사태' 가능성과 동일시하던 씨나리오가 퇴색하면서 한반도 정세의 '불확실성'이 도리어 감소한 면이 없지 않다. 동시에 남한민중이 2013년체제를 건설하느냐 못하느냐는 변수의 비중이 그만큼 더 커졌다고 말할 수 있다.

기본적으로 그 비중은 남북한의 국력 차이와 무관하지 않다. 남북은 경제력과 국제사회에서의 영향력이 너무나 차이가 나기 때문에, 결국 남쪽 사회가 어떤 선택을 하느냐가 더 큰 무게를 갖게 마련인 것이다. 이런 원론적 고려를 떠나서도, 그동안 이명박정부가 한반도 정세를 꼬이게 만드는 데 얼마나 결정적인 역할을 했는지를 돌이켜보면 '한반도문제에서 한국정부의 주도력'을 실감할 수 있다.[1]

물론 북에서 급변사태가 실제로 일어난다면 이야기가 달라진다. 그리고 먼 장래에 어떤 상황이 벌어질지야 누가 알겠는가. 하지만 중기적으로도 북의 급변사태를 방지하려는 중국의 의지와 능력에 큰 변동이 없을 터인데다, 지금은 내부적으로 비교적 질서정연한 승계작업이 진행되는 모양새이고, 중국뿐 아니라 미국, 러시아, 일본이 모두 행여나 순탄한 진행이 안될까봐 일제히 '안정 최우선'을 부르짖고 나오는 형국이다. 심지어 이명박정부도, 특유의 무정견(無定見)과 무교양(無敎養)을 드러내긴 했지만, 결과적으로 안정유지를 선택한 것이 분명하다.

남한 바깥의 변수로 말하면 오히려 2012년 미국 대선에서 공화당 후보가 당선될 가능성이 더 큰 걱정거리다. 후보지명전에 나선 인사들 중에 심지어 온건파라는 롬니(M. Romney) 전 매사추세츠주 지사조차 극우적인 공약을 남발하고 있기 때문이다. 하지만 최악의 경우로 공화당이 집권하더라도 2013년체제가 아주 불가능해질 것 같지는 않다. 조지 W. 부시가 당선된 2000년대 초와 달리, 미국은 국가경제가 거의 거덜나고 국제무대에서의 영향력이 현저히 약화된 상태이며, 이런 판국에 합리적인 국가경영을 아예 포기한 듯한 정강정책을 내걸고 당선된 대통령이 한반도와 동북아에서 부시와 같은 완

---

1) 이와 관련해서는 본서의 제8장 참조.

력을 행사하기는 어려울 것이다. 한국국민이 2012년에 새 출발을 선택했을 때 훼방을 놓고 애를 먹일 수는 있을지언정 완전히 좌절시킬 수는 없으리라 본다.

2013년체제 건설에서의 북한 변수

여기저기서 논의와 공부가 진행되고 있듯이 2013년체제는 한국사회의 일대 전환을 기약하고 있다. 87년체제에서의 민주화가 새로운 단계로 약진하면서 그간의 극심한 양극화 경향을 반전시키고 국가모델을 생명친화적인 복지사회로 바꾸며 정의·연대·신뢰 같은 기본적인 덕목을 존중하는 사회분위기를 재생하는 등의 과제를 설정하고 있다. 이때 핵심적 의제의 하나이자 어떤 의미로는 여타 의제의 성공을 좌우할 것이 분단체제극복작업의 획기적 진전이다.

'극복작업의 획기적 진전'이지 완전한 '해소'를 주문하지 않는 것은 1953년의 한국전쟁 휴전 이래 굳어져온 분단체제의 온전한 극복은 아직 먼 길이기 때문이다. 그렇다 해도 2013년체제 성공의 한가지 전제가 정전협정을 평화협정으로 대체하는 작업인 것만은 분명하다. 새 정부가 그것조차 해내지 못한다면 87년체제의 민주개혁작업을 발목 잡던 세력을 제어하기 힘들 것이다. 물론 평화협정만 해도 결코 쉬운 일은 아니고, 북측의 동의와 주변국 특히 미국의 동조가 필요하다. 6자회담이 재개되고 핵문제 해결에 최소한 상당한 진전을 보이면서 남북간 및 미북간의 신뢰가 쌓여야 가능하다. 그러나

이 모든 것은 '김정일 유훈'의 범위 안에 있는 것으로서, 북측도 김정은시대의 안착을 위해 마땅히 추구할 일들이라 생각된다.

반면에 남북연합 건설이라는 2013년체제의 더 큰 목표는 좀 다른 차원이다. 이것도 김정일 위원장의 유산인 6·15공동선언에 포함된 것이고 실제로 10·4선언을 통해 그 준비에 시동이 걸렸지만, 정작 남북연합을 수용하려면 새로운 전략적 결단이 필요할 것이다. 김정은체제가 그럴 의지와 실력을 갖게 될지는 현재로서 미지수인데, 주변여건이 개선되고 특히 남쪽 국민이 북과의 화해와 협력을 확실히 선택하여 지혜롭게 추진할 경우 새 대통령의 임기 내 실현이 반드시 불가능한 것도 아니리라 믿는다.

어쨌든 이명박정부의 남은 기간에라도 대북지원과 금강산관광을 재개하는 것이 급선무다. 경제협력을 확대하고 고위급 접촉을 진행하여 '북한 변수'를 대한민국의 이익과 한반도 대다수 주민의 염원에 부합하는 방향으로 관리해야 한다. 그렇게 한다면 정권의 불명예가 그나마 덜어지고 87년체제 극복이 그만큼 순조로워질 것이다. 반면에 그것조차 못한다고 하면 정권교체를 통해 새 체제를 출범시킬 필요성이 더욱 커질 따름이다.

2013년체제는 오고 있다

2013년체제가 다가오는 징후는 2011년 한국의 도처에서 나타난 바 있다. 무엇보다 지난 10월의 서울시장 보궐선거와 '안철수 현상'

이 그랬고, 한진중공업에서 309일간 고공농성을 해낸 김진숙씨가 희망버스를 비롯한 범사회적 지원을 업고 생활할 수 있었던 것 또한 그런 징후의 일환일 것이다. 변화의 중심에 SNS라는 새 매체를 통해 전에 없이 긴밀히 연결되고 소통하는 대중이 있음은 여러 분석가들이 지적하는데, 이들 대중이 여차하면 오프라인에서도 움직일 태세가 되어 있다는 사실이 결정적이다. 여기에 김정일시대의 종언은 어쨌든 변화가 불가피함을 다시금 일깨워주었다. 북에서도 '재스민혁명'이 임박했다는 허황된 기대가 아니라, 남한의 수구세력이 북녘 사정을 정확히 파악하고 분단현실을 슬기롭게 관리할 능력이 태무함을 재확인해줌으로써 시대전환에 대한 우리 국민의 욕구를 더욱 자극하고 있는 것이다.

여당의 유력한 대선후보인 박근혜 의원이 당 비상대책위 위원장으로 때이르게 전면에 나선 것도 2013년체제를 예감케 하는 징후가 아닐까 싶다. 어차피 '이명박 계승'을 내걸고 선거를 치를 수 없다는 것은 삼척동자도 아는 바였고, 따라서 박위원장이 언젠가 나서는 것은 예견된 수순이었다. 그러나 대통령과 거리를 두면서도 좀더 오래도록 신비의 베일 속에 머물다가 총선이 임박해서 혜성처럼 나타나는 것이 애초의 전략이었을 것으로 짐작되는데, 급변하는 세상은 그런 우아한 이미지 정치를 더는 용납하지 않는 것이다. 서울시장 선거에서 마지못해 나경원 후보 지원에 나섰다가 상처만 입었고, 비대위 위원장으로서의 '조기등판'조차 우여곡절을 겪어야 했다. 어쨌든 에이스의 구원등판으로 접전의 양상은 달라졌다. 앞으로 박근혜체제가 실제로 소통과 문제해결 능력을 보여주며 4월 총선을 승리로 이끈다면 그의 대선 전망도 한결 밝아질 것이다. 반면에 그러지 못할 경우 대선승리를 위한 여당의 최대 카드가 일찌감치 무력화되기 쉽다.

야권이 분열로 패배를 자초할 가능성도 엄연히 남아 있다. 그동안 민주통합당과 통합진보당의 출범으로 각기 부분적인 통합을 이루었고 최소한 연합 대상 정당의 '개체수'를 줄이는 성과를 확실히 거두었다. 하지만 이들 두 당의 추가통합 내지 선거연대는 여전히 장담 못할 일이다. 국회의원선거에서 다른 당끼리 연합한다는 것은 공동정부를 전제로 대통령후보를 단일화하는 일보다 몇배나 어렵기 때문이다. 더구나 어느 정당도 지지하지 않는 유권자들의 위력을 상징하는 '안철수 현상'이 추가 변수로 남아 있는데, 연대조차 못하는 야권이 그들을 끌어들이기는 힘들 터이다.

관건은 역시 2013년체제다. 얼굴을 바꾸고 'MB와의 차별화'에 성공한 구 집권세력으로 만족할 것인가, 아니면 남한에서뿐 아니라 남북이 공유하는 획기적인 새 시대로의 전환을 이룩할 것인가. 어렵지만 가슴 벅찬 모험의 길을 향해 다수 국민들이 열성과 지혜를 모으기로만 한다면 총선이라는 최대 난관을 돌파하는 현실적인 방안을 마련하지 못할 이유도 없다. 정치권의 타성과 작은 이익 챙기기가 한결 발붙이기 어려워지는 동시에, 분단체제 속에 살면서 너무 완벽하고 상큼한 해결책을 기대하는 것도 또다른 타성임을 냉철하게 인식하게 될 것이기 때문이다.

누구보다 우리들 하나하나가 2013년체제 도래의 징후에 마음을 열고 신심에 찬 노력을 지속할 일이다. "겨울이 오면 봄이 멀리 있으랴?"고 영국의 시인 셸리(Percy Bysshe Shelley)가 노래한 바 있는데 (「서풍에 부치는 노래」Ode to the West Wind, 1819), 우리는 표현을 약간 바꾸어, "봄이 다가오는데 겨울이 오래 버텨낼 수 있으랴?"고 읊어봄 직하다.

4

다시 2013년체제를 생각한다

1. 2013년체제론 제기 이후

앞서 제1장에서 밝혔듯이 '2013년체제'를 처음으로 거론한 것은 2011년 3월 시민활동가대회에서였다. 이 발상이 당시 참석자들로부터도 대체로 호의적 공감을 얻었지만, 내용을 수정 보완해서 『실천문학』 2011년 여름호에 발표한 이후로 활동가나 논객뿐 아니라 정치권 인사들 사이에서조차 적잖은 반향을 불러일으켰다. 2013년의 정부교체기가 단순한 정부 또는 정권 교체를 넘어 우리의 삶을 확 바꾸는 새로운 시대의 출발이 되었으면 하는 염원이 우리 사회 곳곳에 널리 퍼져 있기 때문일 것이다.

동시에 2012년 선거의 전망이 불투명하고 야권의 승리방안에 대한 합의가 없던 상황에서 일단 선거승리 문제를 한층 큰 틀에서 생각할 여지를 제공하는 실용적 가치도 작용했지 싶다. 시민사회 내부에서조차 한쪽에서는 통합의 '통' 자만 나와도 안 만나겠다고 하고 다른 쪽에서는 의제를 '통합 또는 연대'로 넓히는 순간 통합의 동력이 떨어진다고 하여 대면을 망설이는 상황에서 '희망2013·승리 2012 원탁회의'가 2011년 7월에 출범할 수 있었던 것도, '2013년체제 건설'이라는 큰 원(願)을 공유하는 인사들이 모여서 '2012년 승리'의 방도에 대해서도 차츰 의논해보자고 합의했기 때문이다.[1] 이 글을 쓰는 2011년 12월 하순 현재, 한쪽의 목표이던 야권의 '대통합정당'과 다른 한쪽의 '통합진보정당 건설 후 야권 대연대' 가운데 어느 하나도 완성하지 못한 상태다. 그러나 양쪽이 각기 중통합 내지 소통합을 이룩하는 동안 대화 분위기가 유지되었고 원탁회의와 야권 정당들이 협동하여 '희망2013 비전선언'을 작성함으로써 다음 단계의 연합정치에 필수적인 '가치와 비전'에 대한 합의를 마련하였다.

물론 2012년의 성공적인 연합정치까지는 갈 길이 멀다. 이에 대해서는 뒤에 다시 논하겠지만, 온갖 불확실성 속에서도 2013년체제가 다가오고 있음이 점차 실감되기도 한다. 무엇보다도 10·26 서울

---

1) 2013년체제론이 많은 사람의 입에 오르내리기는 하지만 '~년체제'는 학자나 논객의 언어지 대중의 언어는 아니다. 원탁회의가 '희망2013'이라는 표현을 택한 것도 그 때문이다. '2013년체제'라는 용어를 쓰는 경우에도 본서 제1장 제2절에서 밝혔듯이(15~22면) 여러가지로 유보조건을 달며 조심스럽게 사용해야 할 일이다.

시장 보궐선거에서 '시민후보' 박원순이 야권통합후보로 당선된 사실과 이를 전후한 '안철수 현상', 그리고 그 바람에 오랫동안 부동의 여론 지지율 1위를 자랑하던 박근혜 한나라당 전 대표의 대세론이 무너지고 드디어 그녀가 당 비상대책위원장으로서 예정에 없던 '조기등판'을 하게 된 사정 등이 모두 그런 실감을 더해준다.

실은 사회의 물줄기가 크게 바뀌는 조짐이 적어도 2008년의 촛불시위에서 드러났었다. 뒤이어 2009년의 노무현 애도 물결, 2010년의 지방선거, 2011년의 희망버스 운동[2]과 김진숙씨의 생환, 최근의 '나꼼수' 열풍 등이 하나같이 지금과는 다른 세상에 대한 열망을 담았고 달라져가고 있는 세상을 실감케 하는 것들이다. 이것이 하나의 대세를 형성해왔는지 어떤지는 후세의 역사가들이 검증할 문제지만, 6·2지방선거에서 곽노현 서울시 교육감의 당선이 오세훈 시장의 무상급식 주민투표 강행과 그로 인한 자진사퇴를 낳고 이것이 서울시장 보궐선거를 초래하여 박원순 당선과 '안철수 현상'으로 이어진 인과관계를 추적하더라도[3] 우리가 지금 어떤 도도한 물결을

---

2) 촛불시위도 그랬지만 희망버스의 경우에도 참여대중의 구호를 곧바로 정책으로 전환하려는 것은 교조주의적 무모함이나 낭만적 무책임이라는 비판을 면키 어렵다. 그러나 정작 중요한 것은 "비록 희미할지라도 현재 우리 사회의 경제체제의 운용방식 전반이 재구성되어야 한다는 의지의 표현"이고 '연대'의 소중함이라는 것이(김종엽 「더 나은 체제를 향해」, 『창작과비평』 2011년 가을호, 36~37면) 타당한 지적이라고 본다.

3) 보선을 앞둔 시점에 나는 '곽노현 교육감에 관한 생각'을 페이스북 팬페이지에 올리면서 "곽노현 후보의 승리가 오세훈 시장의 경거망동을 유발함으로써 서울 시민들이 더 나은 시장을 뽑을 기회를 앞당겨 갖게 되었다"고 말했는데(http://www.facebook.com/Paik.Nakchung 2011년 9월 1일자 노트 참조), 최근 곽교육

타고 있음을 느끼지 않을 수 없다.

바깥세상으로 눈을 돌려도 세계 전체가 큰 변화의 소용돌이 속에 있음이 실감된다. 중국이 세계경제의 핵심 주체 중 하나로 떠오르는 가운데 2008년 미국발 금융위기로 신자유주의 내지 영미식 자본주의가 주도이념으로서의 위력을 상실했고, 2011년의 '월스트리트를 점령하라'(Occupy Wall Street) 운동은 자본주의 세계체제의 중심부에서 '1% 대 99%'라는 (가위 맑스적인) 구도를 대중적 의제로 부각시켰다. 일본에서는 2009년 무려 54년 만에 이루어진 정권교체가 민주당정부의 방황과 부진으로 그 의미가 많이 퇴색했지만, 3·11대지진과 후꾸시마 원전사고가 일본민중의 거듭된 분발을 재촉하고 있다.

이 글의 초고를 마무리해갈 무렵에는 김정일 위원장의 타계가 보도되었다. 놀라운 소식이고 격동하는 한반도에 또 하나의 큰 변수를 더한 것이 분명하다. 그러나 2013년체제 구상의 골격을 바꿀 정도는 아니라고 본다. 지도자의 사망으로 일각에서 예단해왔듯이 북의 체제마저 일거에 붕괴하는 사태가 벌어진다면 물론 이야기가 달라질

감 재판에서도 한 증인이 "양재원씨(곽후보측의 충분한 약속을 안 받은 채로 단일화를 성사시킨 박명기 후보측 회계책임자 —— 인용자)가 아니면 후보단일화가 안되었겠지요? 후보단일화가 안되었으면 누가 당선되었겠어요? 분명 이원희씨가 되었겠지요. 이원희씨가 되었으면 무상급식도 안했겠지요? 무상급식을 안했으면 오세훈 시장이 사퇴도 안했겠지요? 오세훈이 사퇴 안했으면 박원순 시장도 없었겠지요? 박원순이 없었으면 안철수도 없었겠지요? 안 그래요? 저는 그래서 양재원씨가 가장 큰 공을 세웠다고 생각합니다"(대질심문 도중 이보훈씨의 발언, 곽노현교육감사건 공동대책위원회 제공 자료, http://www.facebook.com/Paik.Nakchung 2011년 12월 16일자 노트 참조)라고 주장했다고 한다.

테다. 하지만 안팎의 어려움이 가중되는 속에서도 체제가 유지되는 한은 남한사회의 총체적 쇄신을 뜻하는 2013년체제 건설에 결정적인 변수가 되지는 않을 것이며, 분단체제가 천재지변 같은 파국으로 무너지기보다 한반도 주민들의 능동적 노력으로 질서있게 변혁되는 과정 또한 여전한 우리의 숙제로 남는다. 북의 후계자 및 후계집단으로서도 2012년의 독자적인 강성대국 건설 또는 '진입'을 고집하기보다 '남북이 공유하는 2013년체제'(본서 18~22면 참조)를 자신의 첫 업적으로 삼고자 하는 것이 더 합리적인 선택이 아닐까 한다.

2. '희망2013'의 무서움

망가진 현실에서 출발

2013년체제론이 상당한 반향을 일으키기는 했으나 별 생각 없이 그 용어만 사용하는 경우도 많다. 예컨대 2012년의 선거승리에만 골몰한 채 통상적인 정책공약이나 정당간 정책연합을 '희망2013'으로 포장하는 경우도 그렇다.[4] 물론 '희망2013'은 '승리2012'라는 현실의 관문을 통과해야 하는 간단찮은 기획이다. 하지만 그것이 정말

---

4) 정치권과 시민사회 일각의 이런 경향에 대해 나는 야당 대표들과 '원탁회의'가 공동기자회견을 할 때(2011.9.5) 인사말에서 "실제로는 정치공학적 타산에 골몰하면서 간판만 '희망2013'으로 내걸었을 때 이를 꿰뚫어보지 못할 만큼 우리 국민이 어리석을까요? '희망2013'은 생각보다 무서운 구호라는 사실을—국민이 무섭기 때문에 무서워진 구호라는 사실을—명심해야 할 것입니다"라고 말했다.

무서운 기획이 되는 것은 선거승리 이후를 책임져야 하기 때문이다. 곧, 지금과는 전혀 다른 새 시대를 기약하되 실제로 집행 가능한 구상을 내놓아야 하고 집행할 실력을 갖추어야 하는 것이다.

게다가 "앞으로 들어설 그 어떤 정부도 이명박정부만한 완력을 가질 수 없을 것"[5]이 분명하다. 그런데도 감당해야 할 과제는 그 어느 때보다 엄청나다. 우선 2013년에 새로 출범하는 정부는 이명박정부 5년을 통해 철저히 망가진—어떤 것은 그전부터 망가져왔던 것이지만 87년체제의 말기국면이 5년간 연장되면서 더욱 엉망이 된—현실에서 출발해야 한다. 예컨대 4대강사업을 두고 이제까지 야당과 시민사회, 종교계는 '하지 마라' '중단하라'를 외치는 것만으로도 최소한의 명분을 확보했다. 그러나 집권세력이 되면 그때쯤 전부 또는 대부분이 완결되어 있을 이 사업의 결과를 놓고 어찌할지를 결정해야 한다. 4대강사업에서 그나마 긍정적으로 평가할 대목이 있었다면 무엇이고, 긍정적이든 부정적이든 이제 와서 어쩔 수 없게 된 부분은 어떤 것이며, 대대적인 철거작업이라도 해야 되는 곳은 어디어디인데 어떤 순서로 진행해야 하는가. 그리고 무엇보다 한편으로 생명존중의 대의에 부합하면서 동시에 전체적인 한반도 공간개편 전략에 걸맞은 기획의 일환으로 그 작업을 자리매기는 큰 그림을 보유해야 할 것이다. 더하여, 이런 무모하고 범죄적인 국

---

5) 김대호 「2013년체제는 새로운 코리아 만들기」, 『창작과비평』 2011년 가을호 114면. 이명박정부의 막강한 '완력'의 내용으로 그는 "(대선에서의—인용자) 압도적 지지율과 국회 의석수, 보수 친화적인 검찰과 사법부와 재벌대기업, 시장지배적 언론 등"(같은 곳)을 든다.

정운영이 다시 없도록 하는 대대적인 '과거사 규명'이 수반되어야 함은 물론이다.

한미FTA의 경우도 이미 (변칙적으로나마) 국회비준이 끝난 조약이 그때는 발효한 뒤일 것이다. 그 결과가 비준반대세력이 걱정하던 만큼의 일대 재앙인지도 2013년이면 드러나기 시작할 터인데, 전면적인 재앙까지는 아니더라도 농업에 대한 심대한 타격과 국가 공공성의 제약, 사회 양극화의 심화 등을 초래할 공산은 크다고 본다. 그런데 이 경우에도 '체결반대' '비준반대'를 더는 외칠 수 없음은 물론 '협정의 일방적 폐기'도 집권세력으로서 쉽사리 채택할 노선은 못 된다. '독소조항의 재협상'은 끝까지 주장할 일이고 '그도 안되면 폐기'라는 최대 강령을 제시하는 것도 좋으나, 이도저도 안됐을 때 어떻게 할지를 지금부터 연구하고 준비해야만 '희망2013'의 비전이 설득력을 가질 것이다. 아니, 한미FTA 문제에 대한 단기·중기·장기 대응책을 적절히 배합하는 지혜야말로 '승리2012'를 확보하고 그 뒷일을 책임지는 데 꼭 필요한 덕목일 것이다.

물가와 가계부채, 국가의 (공기업 재무구조를 포함한) 재정건전성 등 정부의 운신 폭을 좌우하는 모든 여건들도 이명박정부 출범 당시보다 훨씬 악화된 상태일 것이다. 무엇보다 심각한 것은 사회 통합이 최악의 상태에 다다랐기 십상이리라는 점이다. 현 정부 아래 양극화가 전에 없던 수준에 이르기도 했지만, 적어도 이제까지 4년간 하루도 바람 잘 날 없이 갈등을 조장해온 이명박정부의 폭주와 역주행과 '불통'은 상황을 더욱 악화시켰다. 그에 따라 야당 등 반대세력의 7,80년대식 막무가내 전투성마저 되살려놓았고, 국회를 포함한 정치권의 조정기능이 거의 전적으로 실종되었다. 이런 현실을 염려하는 일부 인사들은 2012년 선거가 순전히 여야의 격돌로 치러지지 않도록 합리적 중도세력이 따로 결집해서 사회통합의 기틀을 마련해야 된다고 주장하기도 한다.

본격적 사회통합은 2013년체제의 숙제로

그러나 본격적인 사회통합 작업은 2013년체제의 숙제로 미뤄질 수밖에 없다는 것이 내 생각이다. '보수·진보의 이분법'을 넘어서는 일은 지금도 중요하지만, 그런 이분법을 넘어 수행할 가장 시급한 작업은 이명박정부를 결코 보수정부로 인정할 수 없다는 데에 합의하는 일이고 현재 우리 사회의 주도세력이 참된 보수라기보다 수구세력에 해당한다는 인식을 공유하는 일이다. 이를 바탕으로 2012년의 격돌을 성공적으로 감당한 뒤에야 폭넓은 중도세력의 통합이 본격적으로 진행할 수 있을 것이다. 그렇기 때문에 상당수준의 국민통합이 필요하다는 점은 나 자신이 줄곧 주장해온 바[6]임에도 불구하고 최근의 어느 좌담에서 "사회적 합의를 구하는 그런 과정"을 선도해달라는 윤여준 한국지방발전연구원 이사장의 요청에 대해 나는 다음과 같이 대답했다.

윤장관님의 저에 대한 기대에 비춰서 제가 너무 당파적으로 얘기하는 건 아닌지 모르겠습니다만(웃음) 저는 지금 우리 시국에 대

---

6) 『어디가 중도며 어째서 변혁인가』 제7장 「변혁과 중도를 다시 생각할 때」와 제12장 「비상시국 타개를 위한 국민통합의 길」 등 참조.

해서 이런 인식을 갖고 있습니다. 물론 지금부터 합의를 키우려는 노력은 더 해야지요. 대화하고 소통하고 해야 되지만, 정말 사회 전반에 걸쳐서 이런 작업이 제대로 퍼지고 성과를 거두려면 지금 이 사회를 지배하고 있는 수구세력과 일부 합리적 보수세력의 결탁·동맹관계, 이것이 2012년 선거를 통해 먼저 깨져야 한다고 봅니다. 그것이 깨지지 않은 상태에서 합리적 보수와, 저는 성찰하는 진보라는 표현을 썼습니다만, 그들이 모여가지고 든든한 중도세력을 형성한다는 것은, 물론 지금도 그걸 준비하는 노력을 계속해야 되지만, 현재로서는 앞으로 본격적인 결실을 위한 준비과정에 그칠 수밖에 없다고 봐야지요. 2013년체제 이전에 그런 게 될 것 같지 않다는 거예요.

2013년체제는 진보의 재구성뿐만 아니라 보수의 재구성도 요구하는데, 우리 사회의 합리적인 보수주의랄까 하는 분들이 없는 게 아니고 한나라당 내부에도 상당수 있습니다만, 수구세력이 헤게모니를 잡고 있는 한나라당 내부에 들어가서 집권의 파트너, 하위 파트너지만 파트너를 하는 동안에는 완전히 떨어져나온다는 건 극히 예외적인 경우 빼면 현실적으로 어렵죠. 그냥 그 안에서 비판적인 얘기를 합니다만, 선거가 닥치기 전에는 날치기 하라면 날치기 하고 정작 시키는 건 안할 수 없지 않습니까. 당원으로서의 의무도 있고요. 그래서 저는 이게 파당적인 생각일지 모르겠지만, 다음번 선거에서 한나라당이 집권한다거나 제1당이 되는 사태가 없어야지 그때부터 비로소 합리적인 보수집단이 "아, 이거 수구세력 따라다니다가 우리 망하는구나, 지금이라도 우리가 주도하는 보수진영을 만들고 거기에 합리적으로 재구성된 진보(잡지 게재본에 '재구성된 보수'로 나오지만 오식이며 '재구성된 진보'라야 맞음—인용자)와 힘을 합쳐서 앞으로 대한민국을 이끌어나가야겠다" 이렇게 될 때 비로소 전도가 밝아질 것 같습니다.[7]

인용이 길어졌지만, 2013년체제의 출범이 확실해지기 전의 '제3세력' 조직화는 기득권세력의 집권연장에 오히려 기여할 위험이 크다고 본 것이다.

새로운 성장전략의 필요성

새 정부가 당면할 대외적 조건도 이명박정부 출범 때보다 열악하리라 예상된다. 물론 이명박정부도 첫해인 2008년 가을에 미국발 금융위기를 맞아 고전했다. 하지만 2013년에 출범할 새 정부에 비하면 월등한 조건이었다. 참여정부로부터 비교적 튼튼한 재정을 물려받았고 그들이 '잃어버린 10년'으로 매도한 민주정권 기간에 수행된 금융제도의 정비도 위기의 파급력을 줄이는 데 도움이 되었다. 금융위기의 진원지인 미국도 당시는 대대적인 재정투입으로 대처할 수 있는 처지였다. 그러나 3년 이상이 지난 오늘, 이번에는 유럽이 주된 문제지역이 된 금융불안으로 세계경제의 장기적 위기를 우려하는 시점인데, 선진국들이 대부분 정부개입의 여력을 거의 탕진했고 이

---

7) 좌담「지금 우리는 어디에 있으며 어디로 가야 하나?」,『민주』2011년 가을 창간호, 27~28면. 한마디 덧붙이자면, 이명박당이 박근혜당으로 탈바꿈한다 해서 상황의 본질이 바뀐다고는 보기 어렵다.

제 중국마저 성장률이 낮아지는 상황이다. 만약 2013년 이후로도 경기침체가 지속되거나 심화된다면 한국경제는 이명박시대와는 비할 바 없이 어려워질 것이다. 거기에 기후변화와 에너지 위기라는 장기적이고 근본적인 제약요인이 더해지고 '후꾸시마 이후'의 원전문제—당장의 안전성 확보와 중기적인 원전 축소 및 궁극적인 철폐 문제—마저 겹칠 때, 다음 정부의 곤경은 짐작이 되고도 남는다.

그런 가운데도 한국경제의 성장동력을 마련해야 하는 것이 집권세력의 책무다. 비록 성장에 대한 요구가 자본주의로 잘못 길들여진 대중의 비뚤어진 욕망 탓이라 해도 그러한 욕망의 존재 자체가 엄연한 정치현실인데다, 2013년체제가 기약하는 복지의 확대나 한반도 평화체제 수립 등 제반사업을 위해서도 막대한 재원이 소요되게 마련이다. 게다가 현존 세계체제가 존속하는 한 일정한 성장을 못하면 비참하게 몰락하기 십상인 자본주의사회의 논리를 피해가기 어렵고, 세계체제 변혁의 동력을 마련할 길도 없어지기 쉽다. 그런데도 진보와 변혁을 이야기하는 학자나 정치인일수록 성장담론이 약하지 않은가 한다. 이는 물론 그동안의 성장지상주의에 대한 정당한 비판의식의 다른 일면이겠지만 국가경영의 책임을 맡는 순간 사정은 달라진다. 조세정의와 예산 우선순위 조절, 중소기업 위주의 경제 등 흔히 거론되는 처방만으로는 그 책임을 다하기 힘들 것이며, 선거에서 국민으로부터 신뢰를 획득하는 데도 실패하기 십상이다.

물론 나 자신은 다른 분야도 그렇지만 특히 경제분야에서 구체적인 전략을 제시할 능력이 없다. 다만 두어가지 원론적인 제언을 해보고자 한다.

우선 기존의 자본주의 패러다임 안에서도 성장지상주의가 아닌 내실있고 지속가능한 유형의 성장모델을 설정하고 구체적인 실현 방안을 제시할 필요가 있다. 이는 너무나 상식적인 이야기지만, "역설적으로 금리·재정·환율정책이, 흔히 말하는 '안정론자'의 시각에 따라 운영될 때 '성장정책'의 역할도 할 수 있다"[8]라든가 "중소기업 대책에만 너무 집중하지 말고 대기업(기존의 재벌체제 바깥의 새로운 대기업—인용자)도 많이 키우자"[9]는, 보수 및 진보 진영의 고정관념을 거스르는 발상이 요구되는 작업이다. 동시에 한국경제의 활로를 찾을 때 '한반도 경제권'이라는 다른 나라가 못 가진 잠재력에 유의하는 구상을 더 활발히 했으면 한다.[10]

한층 장기적으로는 현존 세계체제에 대한 적응과 극복의 '이중과제' 수행이 요구하는 만큼의 적당한 성장, 그런 의미에서 공격적이라기보다 방어적인 성장으로 패러다임을 바꾸어나가야 할 것이다. 이는 투철하고 정교한 운영을 통해서만 수행할 수 있는 지난한 전략인데다 시장논리에 대한 사실상의 투항을 호도하는 구호가 될 위험을 내장하기에 녹색사상가의 신랄한 비판을 받기도 했다.[11] 원론적

---

8) 정대영『한국경제의 미필적 고의: 잘사는 나라에서 당신은 왜 가난한가』, 한울 2011, 34면.
9) 김기원·박창기·정태인·이남주 좌담「권력교체를 넘어 한국사회 새판짜기로」, 『창작과비평』2011년 겨울호, 376면 박창기의 발언.
10) 예컨대 이일영『새로운 진보의 대안, 한반도경제』(창비 2009) 및 김기원 등의 앞의 좌담 중 368~71면 '동아시아 구상 속에서의 남북경협' 대목 등 참조.
11) '적당한 성장'론에 대한 비판과 나의 답변은 이남주 엮음『이중과제론: 근대적 응과 근대극복의 이중과제』(창비담론총서 1, 창비 2009)에 실린 김종철「민주주의, 성장논리, 農的 순환사회」와 졸고「근대 한국의 이중과제와 녹색담론」참조.

인 논란과 별도로, '적당한 성장'이 적절한 표현인지도 재고함직하다. '적정수준의 성장'이 나을 듯도 싶지만 이는 자본주의의 경제논리 속에서의 적정 성장(optimal growth)으로 오해되기 쉬운데, 나는 기존 패러다임의 위력을 현실로 인정하면서도 그로부터의 궁극적 이탈을 겨냥하는 '이중과제'에 어울리는 성장전략을 제의하고 싶은 것이다.[12] 아무튼 2013년체제가 일정한 성장과 세계시장에서의 경쟁력 없이 굴러가기를 기대하기는 힘들며, 이때 성장에 대한 요구와 복지 같은 다른 의제들의 균형을 기계적으로 맞추려 하기보다 '방어적 성장' 또는 '수비형 성장' 개념을 중심으로 여러 의제를 조율하고 배치하는 쪽으로 패러다임 전환이 이루어졌으면 한다.

3. 87년체제에 대한 진단과 2013년체제의 내용 채우기

87년체제의 뿌리들

'희망2013'의 무서움을 실감하는 논의가 스스로 극복의 대상으로

---

12) 세계경제의 새 패러다임이라고 하면 거창하게 들리지만, 실은 현실적으로 얼마든지 가능한 구상임을 나는 다음과 같은 비유로 설명하고자 했다. "정작 삶의 현장에서는 수많은 사람들이 자기 나름으로 이런 개념에 따라 살고 있는 것 아닐까. 물론 개인이건 국가건 자본주의의 무한축적 원리에 충실하여 최대한의 돈벌이에 목을 매고 사는 경우가 대다수지만, 적어도 개인이나 한정된 집단 차원에서는 그런 세태에 맞서 자신을 지켜내고 나아가 이런 기막힌 세상을 바꾸기 위해서라도 꼭 필요한 돈벌이를 하고 경쟁에서 탈락하지 말아야겠다는 마음가짐으로 살아가는 사람들이 결코 적지 않을 것이다."(「근대 한국의 이중과제와 녹색담론」181면)

설정한 87년체제에 대한 철저한 복기(復棋)를 거쳐야 함은 너무나 당연하다. 이는 또한 87년체제의 각 시기를 세부적으로 점검하는 작업을 포함해야 한다. 예컨대 김대호의 「2013년체제는 새로운 코리아 만들기」는 '배를 만들기 전에 거칠고 광대한 바다를 먼저 보자'라는 부제대로 '희망2013'의 무서움을 강조하면서, 87년체제 전반에 대한 점검에 이어 "김대중정부가 심혈을 기울여 추진한 4대부문(기업·금융·노동·공공) 개혁과 복지개혁의 성과, 한계, 오류를 규명하는"(106면) 복기를 수행한다. 또한 노무현 대통령의 비서실장을 지낸 문재인의 회고록 『문재인의 운명』(가교 2011)도 참여정부 5년에 대한 '복기'를 집필목표의 일부로 명시하고 있다. 앞으로 비슷한 작업들이 더욱 축적됨은 물론, 선행 복기작업에 대한 토론도 활발해지기 바란다.

세부적인 복기작업이 87년체제의 본질적 한계에 대한 진단을 소홀히해서도 안될 것이다. 나 자신은 87년체제를 낳은 6월민주항쟁이 "남한의 역사에서 아무리 획기적인 사건이었다 해도 분단 한반도의 절반에 국한된 만큼은 그 '획기적' 성격 또한 제한되게 마련"임을 일찍부터 강조해왔는데,[13] 달리 표현하면 87년체제가 군사정권과 개발독재의 '61년체제'를 대체했지만 양자가 공유하는 토대인 '1953년체제'를 무너뜨리지는 못했다는 말이 된다.[14] 그렇기 때문에

---

13) 본서 제1장 18면 각주3 참조.

14) 김대호는 "한국사회, 아니 남북한 전체를 규율하는 가장 밑바탕의 질서인 1953년체제가 수명을 다했다는 것은 의심할 여지가 없다"(같은 글 98면)고 단언하면서, "이제는 '후천성 분단인식결핍증' 환자거나, 적화통일 위협에 떠는

2013년체제에서 '포용정책 2.0'[15]이 관건적 위치를 차지하게 되며, 이는 남북관계를 국내문제보다 우위에 두는 발상이 아니라 87년체제가 지닌 한계와 문제점 들의 뿌리에 대한 진단의 결과인 것이다.

물론 더 깊은 뿌리는 세계체제다. 따라서 그에 내재하는 모순과 문제점에 대한 통찰을 바탕으로 그러한 것들이 한반도 분단체제라는 독특한 국지적 현실의 매개작용을 거쳐 남과 북에서 각기 어떻게 발현하는지를 분석하는 작업이 필요하다. 그런데 세계체제를 말하든 분단체제를 말하든 그것을 분석하는 '나'를 진단에서 면제한다면 또 하나의 중대한 '뿌리'를 외면하는 일이 된다. 특히 식민지시대와 국토분단에 이어 동족상잔의 참혹한 전쟁까지 겪으며 성립한 뒤로 반세기가 훨씬 넘게 존속해온 분단체제는 그 속에 사는 모든 사람의 마음속에도 어떤 식으로든 뿌리를 내렸기 마련이다. 자신을 성찰하고 분단체제의 위력을 자기 내부에서도 탐지하며 극복하려는 노력이 필수적인 것이다.[16]

'피해망상증' 환자만 아니라면, 향후 몇년간 한국정치의 최우선 과제의 하나가 1953년에 공고화된 분단체제를 해체·재편하는 일이라는 데 의견이 일치한다"(99면)고 한다. 이 발언의 취지에는 나도 물론 공감하지만, 분단체제 재편에 대한 '의견 일치'의 범위에 대해, 그리고 '1953년체제의 해체'가 남한 내부의 여타 의제와 지혜롭게 결합된 종합적인 정책노선을 통해서만 해낼 수 있는 지난한 과제라는 점에 대해 너무 낙관적인 판단이 아닌가 하는 생각도 든다.
15) 본서 제5장 및 제8장 참조.
16) "분단체제가 괴물이란 말을 더러 합니다. 잊지 말아야 할 것은 분단체제가 괴물이라면 분단체제 속에서 오랫동안 살아온 우리 모두가 마음속에 괴물 하나씩을 갖고 있다는 점입니다. 이 점을 성찰하면서, 바깥의 괴물을 이겨내는 일과 내 마음속 괴물의 퇴치를 어떻게 동시에 수행할 것인가에 대해서는 훨씬 더 많은 공부를 해야 한다고 생각합니다."(『어디가 중도며 어째서 변혁인가』 제4장 「북

87년체제를 넘어서는 과정도 마찬가지다. 그것을 비판하고 그 극복을 시도하는 대안 자체가 현존 체제의 굳건한 일부로 기능해온 것이 아닌지를 성찰할 필요가 있다. 한국이 분단국이요 분단체제의 일환임을 망각하고 이런저런 '진보적' 대안을 내는 인사들에게 '후천성 분단인식결핍 증후군'이라는 다소 짓궂은 이름을 달아본 것도 그 때문이며, 남북을 막론하고 분단체제에 대한 성찰이 결여된 통일지상주의가 오히려 분단구조의 재생산에 이바지할 가능성을 경계한 것도 그 때문이다.[17] 하지만 분단체제론을 펴는 당사자 역시, 복잡한 현실의 체계적 이해를 핑계로 목전의 명백한 싸움을 얼버무리는 게 아닌지 끊임없이 자성할 일이다. 더구나 여당이든 야당이든 '그놈이 그놈'이라는 식의 정치허무주의는 수구언론과 기득권층이 내심 가장 반기는 논리인데, 분단체제론에 대한 잘못된 이해가 통일 전에는 아무것도 할 수 없다는 유사한 허무주의를 조장할 수도 있다. 그런가 하면 '변혁적 중도주의'[18]가 '변혁'이 빠진 '중도 마케팅'으로 귀결할 위험이나 '적당한 성장'이 성장주의의 피해자들에 대한 관심부족을 호도하고 자본주의 근대에 적당히 투항하는 결과가 될 가능성에 대한 경각심을 결코 놓아서는 안될 것이다.

의 핵실험 이후: 남북관계의 제3당사자로서 남쪽 민간사회의 역할」 141면)

17) 같은 책 270~72면 참조.

18) 『어디가 중도며 어째서 변혁인가』 제13장 「2009년 분단현실의 한 성찰」 273~74면 및 『한반도식 통일, 현재진행형』(창비 2006) 제4장 「분단체제와 '참여정부'」의 덧글 '변혁적 중도주의와 한국 민주주의' 참조.

'민주·평화·복지사회'에 관하여

2013년체제론을 처음 제기한 먼젓번 글(본서 제1장)에서 평화와 복지 그리고 공정·공평·정의의 문제를 상대적으로 길게 언급한 탓에 마치 내가 평화·복지·정의를 2013년체제의 '3대 과제'로 확정한 것처럼 비치기도 한 모양이다. 하지만 그 글은 2013년체제의 내용을 채울 때 어떤 식의 접근법이 바람직한가에 주안점을 두었고, 실제 내용이나 그 대중적 전달방식은 현장의 전문적 일꾼들에게 맡기자는 입장이었다. 예컨대 '평화'가 선택되더라도 그것은 근본주의적 평화국가론이 아님은 물론, 김대중·노무현정부의 평화통일 노선을 그대로 복원한 것일 수도 없음을 강조하려는 것이었다. 기존의 포용정책을 획기적으로 쇄신한 '포용정책 2.0'이 되어야 하며, 복지 등 국내의제들과 유기적으로 결합된 정치를 뜻한다는 것이다.

역으로 복지의제도 평화, 정의, 생태, 성평등, 민주주의 같은 여타 의제와의 지혜로운 결합이 관건이다. 그 점에서 6·2지방선거에서 크게 부각되어 한때 또 하나의 근본주의로 치달을 위험마저 보이던 복지담론이 점차 세련을 더해가는 현상이 다행스러운데, 먼젓번 글에서 '복지국가 모델에 포함되어야 할 것들'을 말한 의도 역시 그런 세련화에 이바지하려는 것이었다. 포함되어야 할 것의 하나로 '공정·공평'을 제시했는데, 동시에 그것은 상식이라든가, 교양, 염치지심, 정직과 신뢰처럼 정책의 차원보다 '더 기본적인 것들'의 차원으로 설정한 것이기도 했다.[19]

---

19) 본서 제1장 제3절 참조. 김종엽은 "공정은 존재하는 사회적 연대감을 강화하는 데 기여하지만 사회적 연대감이 없는 곳에서 자라나기는 어렵다"(앞의 글 33면)

아무튼 2013년체제의 구체적 내용을 어떻게 채우고 어떻게 전달할지는 여전히 현장의 '선수들'에게 맡기고자 한다. 최근의 동향은 애초에 평화의제와 복지의제가 따로 논의되던 것이 '평화·복지체제' 구상으로 수렴되다가 점차 '민주'라는 또 하나의 열쇳말이 중시되는 것 같다. 이것이 '민주·평화·복지사회(또는 체제)'라는 구호로 정착될지는 지켜볼 일이지만, 아무튼 민주주의가 2013년체제의 중요 내용으로 부각되는 것은 바람직하다. 옛날식의 '민주 대 반민주(=독재)'의 구도가 더는 적용되지 않는다 해서 민주주의 문제가 덜 절실한 것은 아니다. 사실 민주화는 87년체제에서도 여전히 핵심 현안이었고, 이를 '정치적 민주화'는 됐는데 '경제적 민주화'가 안 되었다는 식으로 정리하는 것도 안일한 태도다. 이는 분단체제의 근원적 반민주성에 대한 인식 부족인 동시에, 박근혜 전 대표를 상대로 하는 승부에서 복지보다 민주주의 이슈가 한층 파괴력을 가질 것을 간과한 전략적 오류이기도 하다.[20)]

　'민주·평화·복지사회'가 약칭으로 채택되든 않든 2013년체제의 내용이 그 세가지 의제로 국한될 수는 없다. 물질적 불평등의 폐기와 생태친화적 사회로의 전환, 성차별 극복 같은 세계체제 공통의 장기적 과제가 어떤 식으로든 반영된 중·단기적 정책기획이 포함

는 이유로 '연대'가 더욱 기본적임을 강조했는데, 공정이나 정의를 규범으로 좁혀서 생각한다면 맞는 말이지만 규범 이전에 '정의감' 또는 '공정에 대한 열정' 같은 것이 선행한다면 이는 '연대'와 더불어 '더 기본적인 것들'의 일부로 보아 무방할 것이다.
20) 민주주의에 관해서는 본서 제7장에서 부연하기로 한다.

되어야 한다. 한가지 덧붙일 점은 2013년체제에서 가장 달라져야 할 것 중에 하나가 교육이 아닌가 하는 것이다. 현행 정부조직에서 교육을 담당한 중앙행정부서인 교육과학기술부는 내각의 일부로 되어 있으나 지방자치 차원으로 가면 시장·도지사 등 지방자치단체장과는 별도의 (대등한 직급의) 교육감이 초·중등교육을 관할한다. 그만큼 교육의 특별한 중요성과 분권화 필요성을 인정하는 셈이다. 그런데도 한국의 교육현실은 초등학교에서 중·고등학교와 대학에 이르기까지 문제투성이라는 느낌을 거의 누구나 갖고 있는 실정이다. 게다가 이명박정부 4년간 교육행정의 중앙집권화가 그 어느 때보다 강력히 추동되었고, 교육의 중요성은 특권층 자녀에게 유리한 '경쟁' 위주로 이해되었다.

하지만 여당은 물론이고 '희망2013'을 말하는 야권에서도 한국 교육에 대한 새로운 비전을 내놓는 것 같지 않다. 전교조나 진보정당 및 일부 교육운동단체들이 발본적 대안으로 제시하는 '평등교육'은 실현가능성도 적으려니와 그 자체가 또 하나의 근본주의적 획일화 노선이 아닌가 하는 의구심을 안겨주기 십상이다. 반면에 정치인들은 공교육을 살려서 사교육비를 줄여주겠다는, 너도 나도 입에 올리지만 당선되고 나면 공염불로 끝나기 일쑤인 약속을 되풀이하는 수준에서 크게 못 벗어나고 있다. 이는 교육분야에 관해서만은 이명박정부가 '폭주'는 했을지언정 지난날 민주정부들의 기획에 대해 특별히 '역주행'을 한 바는 없기 때문이고, '포용정책 1.0'에 상응하는 '교육혁신정책 1.0'조차 제대로 완성되어 출시된 적이 아직껏 없기 때문일 것이다. 따라서 '희망2013'은 당연히 한국의 학교교육을 정상화할 방안을 포함해야 할 테고 그러한 획기적인 제안이 뜻밖에 '승리2012'의 중대 변수가 될지도 모른다.[21]

4. 문제는 19대 총선이다

19대 총선의 관건적 위치

최근에 『한겨레』가 30명의 전문가들에게 2012년 대선에 대한 예측을 주문했을 때 과반수인 16명이 야권후보의 승리를 예상했는데 (여당후보 승리 3명, 예측불능 11명), 다만 하나같이 '범야권 대선후보 단일화'를 전제로 삼았다고 한다.[22] 물론 당연하고도 상식적인 전제다. 하지만 좀더 실질적인 내용을 담으려면 '범야권의 총선승리'가 전제조건이라고 말하는 게 옳을 것 같다. 연합정치는 대선보다 국회의원선거에서 더 실현하기 어려운 법인데 야권이 총선승리에 필요한 연합정치를 성공시켰다면 대선에서의 후보단일화는 쉽게 따라올 것이고, 범야권세력이 19대 국회를 장악했을 때 한국정치

---

21) 이기정 『교육을 잡는 자가 대권을 잡는다』(인물과사상사 2011)는 그 도발적인 제목에 값하는 획기적인 (초·중등)교육 혁신방안들을 내놓고 있다. 이기정은 최근에 「교육의 2013년체제를 만들자」라는 제목의 세교포럼(2011.12.16) 발표에서 기왕의 6대제안을 간추려 '빅3' 즉 1)중고등학교 무학년 학점제 단계별 수업, 2)학급당 학생수 20명으로의 감축, 3)교육과 교육 외적 업무의 분리라는 3대 제안으로 재정리했다. 앞으로 더 많은 토론과 검증이 필요한 내용이지만, 가령 이런 식의 획기적인 발상전환이 2013년체제의 일부가 되어야 한다는 데에 공감한다.

22) 「"박근혜 당선" 3명뿐」, 『한겨레』 2011.12.20, 제1면 참조.

는 그 어떤 여당후보도 감당하기 힘든 새로운 국면에 돌입할 것이기 때문이다. 반면에 정부와 여당에 대한 국민적 분노에도 불구하고 야권이 분열하여 총선승리를 놓친다면, 국민들의 분노·불신·경멸은 고스란히 야당들로 옮겨갈 터이며, 차라리 박근혜 후보를 택하는 게 안전하다는 심리가 확산될 것이다.

아무튼 19대 국회를 야당연합이 장악했을 때의 사태는 가히 우리들의 정치적 상상력을 시험할 만하다. 우선 그것은 지난날 대통령 임기 초·중반의 여소야대와 달리 정권 말기, 그것도 일찌감치 '레임덕'에 걸린 이명박 대통령의 5차 연도에 출범하는 여소야대 국회가 된다. 대통령의 거부권에도 불구하고 2013년체제의 내용을 담는 입법조치가 일부 시행될 수 있으며, 무엇보다 18대 국회에서 거의 마비되었던 국회의 국정감시·조사 기능이 되살아날 것이다. 지금도 정권과 권력층의 온갖 부정행위가 터져나오고 있지만 국회의원이 앞질러 터뜨린 경우가 드물고 뒤늦게 국정조사를 들먹이다가도 흐지부지되기가 일쑤다. 하지만 정권 말년에 야당이 차기 입법부를 장악하게 되면 각종 제보가 국회로 쏟아져들어올 것이며, 검찰 등 수사기관의 태도도 완연히 달라질 것이다.

더구나 그 총선승리는 '박근혜당'으로 리모델링 내지 재건축을 해낸 여당을 상대로 얻어낸 성과다. 총선패배의 멍에를 쓴 박근혜 후보든 급조된 다른 후보든 대선에서 성공할 확률은 극히 낮아질 터이고, 만에 하나 당선이 된다면 87년체제 말기국면의 연장에 따른 사회혼란과 국민의 불행은 이루 말할 수 없을 것이다. 또 하나의 씨나리오, 즉 야권이 국회의 다수를 차지하지 못하고도 대선을 이긴다는 (별로 개연성이 없는) 씨나리오를 따르더라도 혼란상은 대동소이할 것이다. 지금은 대통령이 인위적 정계개편을 감행하여 입법부를 사후적으로 장악할 수 있는 시대가 아닌만큼 새 정부는 2013년체제를 건설할 동력을 못 가진 채 표류하다가 또 하나의 실패한 정권으로 낙인찍히고 말 것이 분명하다.

2012년의 연합정치는 가능한가

결국 문제는 4월 총선을 범야권이 연합해서 치를 수 있는가 하는 것이다. 이때 '연합'은 그동안 야권에서 논의되어온 '통합'과 '연대'의 두 개념을 아우르는 포괄적인 용어다. 곧, 한쪽이 주장해온 범야권의 '대통합'과 다른 한쪽이 주장해온 '진보통합' 이후 민주통합당과의 '선거연대'가 모두 연합정치의 형태들이라고 보는 것이다. 실제로 대다수 국민은 어떻게 연합하느냐보다 야권이 어떤 식으로든 힘을 합쳐 여야의 1대1 구도를 만들라는 것이고, 큰 잡음 없이 그런 구도가 만들어졌을 때 야권후보를 지지하곤 했다.

2011년이 저물어가는 현재 대통합 단일정당 기획은 일단 불발한 것으로 보인다. 대통합을 추진하던 인사들 대부분이 원래 목표보다 범위를 좁힌 민주통합당을 창설했고, 비록 진보정당과의 추가통합에 문을 열어놓고 있다지만 통합진보당이 호응할 가능성은 거의 없는 것으로 보인다. 아니, 너무 오랫동안 대통합을 부르짖은 바람에 실제로 이룩한 '중통합'에 대한 준비부족이 도처에서 드러났듯이, 추가통합을 압박하는 데 몰두하다가는 연합정치에 대한 세밀한 준비도 못할 우려가 있다.

다른 한편 민주노동당, 국민참여당, 그리고 진보신당 탈당파 들은 진보세력 통합을 먼저 한다는 계획을 뒤늦게나마 실행한 셈이고 그들이 줄곧 말해온 선거연대가 다음 수순으로 대두했다고 주장할 만하다. 하지만 통합진보당이 이제까지 실현된 선거연대의 가장 발전된 사례인 서울시장 범야권 단일후보 선출의 모델을 과연 얼마나 받아들일 수 있을지는 의문이다. 10·26 서울시장 보선은 후보등록 이후의 막판 단일화가 아니라 미리 합의된 규칙에 따라 각 후보가 경선을 치른 뒤 승자 혼자만이 등록하는 방식이었고, 그 결과 무소속 박원순 후보가 '통합후보'가 되고 서울시장이 되었다.[23] 하지만 비록 진보통합이 성사되었다 해도 총선에서 그와 유사한 방식의 경선 절차를 밟아 이길 후보를 통합진보당이 얼마나 낼 수 있을까? 목표하는 의석을 확보하려면 결국 별도의 정치협상을 요구하기 쉬우며 자칫 국민들이 짜증나는 모습을 연출할 수도 있다. 바로 그렇기 때문에 '연합제 정당'의 형식으로라도 양당이 추가로 통합하자는 것이 민주통합당의 입장인데, 소통합이라도 이룩해서 다소 느긋해진 통합진보당 쪽에서 그 문제에 한층 적극적으로 접근한다면 일은 쉽게 풀릴 것이다. 하지만 그것이 끝내 불가능하다면 차선책을 위한 진지하고 허심탄회한 소통을 빨리 시작해야 한다.

정당뿐 아니라 개별 후보자의 이해관계가 잔뜩 얽혔으므로 깔끔

---

23) 그러다보니 많은 국민들이 야권통합이 다 된 것으로 오인할 정도였다. 그러나 엄밀한 의미의 통합은 물리적으로도 불가능한 상황이었고 10·26의 연합정치는 '통합'이 아닌 '연대'였다. 그런데도 상당수의 대통합론자들 스스로 서울시장선 거 승리를 '통합'의 대의를 증빙한 사례로 인식한 것은 아이러니컬하다.

한 해답이 나오기는 힘들 것이다. 하지만 완벽에 미달하는 차선책이라 해서 무작정 '감동이 없다'고 타박하는 일 역시 그나름의 이해관계에 따른 행태일 수 있다. 분단체제의 제약 속에서 2013년체제를 만들어가는 과정은 어차피 다소 '구질구질'할 수밖에 없고, 연합정치의 기획은——1997년 대선에서의 DJP연합이라는 전혀 다른 성격의 연합정치를 빼면——한번도 전국적·포괄적으로 성공한 적이 없는 실정이다. 반면에 시민사회가 참여하고 상당수준의 정책연합이 포함된 연합정치의 연습이 벌써 2년 가까이 진행되었고 이런저런 성공사례를 축적해왔다. 아니, 실패사례들도 타산지석을 제공하고 있는 형국이다.

이룩된 성과 중에는 2013년체제의 건설을 위해 어떤 형태로든 연합정치가 필요하다는 실질적인 인식이 있다. '실질적인'이라고 토를 단 것은, 통합이냐 연대냐 하는 논란에 의해 그러한 인식이 상당정도 가려져 있기 때문인데, 실은 대통합론자가 제창한 단일야당도 '연합제' 통합정당이었던만큼 진보진영의 연립정부론과 본질적으로 다르지 않다. 아니, 대통합론자들도 대선공약에 한해서는 '공동정부' '연립정부'를 말하는 경우가 흔하다.

이것이 단순히 선거승리를 위한 전술의 문제는 아니다. 오히려 분단한국의 정치지형 자체에 근거한 중·장기적 변혁전략의 일부라 할 수 있다. 앞서 '보수 대 진보'의 낡은 구도를 넘어서는 첫걸음은 현재 남한의 지배세력이 보수라기보다 수구——또는 수구세력 주도의 수구·보수동맹——임을 인식하는 일이라고 했는데, 오늘의 한국에서 흔히 '보수'로 일컬어지는 세력은 실제로 대부분이 수구이고 진정한 보수주의자는 그보다 훨씬 소수다. 여기에 중도보수와 좀더 적극적인 반대세력에 해당하는 중도개혁파, 진보파 등이 포진한 것이 한국정치의 독특한 지형인 것이다. 더구나 분단체제변혁에의 실질적인 기여를 참된 진보의 척도로 삼을 경우, 세칭 진보진영의 극단적·근본주의적 노선이 도리어 분단체제의 재생산에 이바지하는 '수구적' 기능을 발휘하기도 한다. 그만큼 수구세력의 헤게모니를 깨기가 힘든 지형인 것이며, 따라서 이런 현실에서 수구에 가담하는 보수주의자의 수효를 최소화하면서 중도 및 진보 세력을 총집결하는 일이 단일정당(적어도 연합형 통합정당이 아닌 단일정당)으로서는 불가능하다고 보아야 한다. 연합정치의 전략적 의의가 바로 거기서 나온다.

2013년체제는 바로 이러한 집결이 달성되어 분단체제 특유의 정치지형을 근본적으로 바꾸는 시대를 뜻한다. 그런 큰 목표를 공유할 때 더욱 절박한 심경이 되기도 하지만 큰 목표를 향한 방편에 대해서는 한층 냉철하고 여유로워질 수도 있다. 이런 자세로 '승리2012'를 위한 최선의 현실적 방안을 마련하는 작업 자체가 2013년체제를 만드는 과정의 일부임은 더 말할 나위 없다.

어찌 보면 지금은 2013년체제론을 처음 제기할 때와 상황이 비슷한 면이 있다. 그동안의 여러가지 돌파에도 불구하고 다가온 총선에서의 승리방안이 불확실하기 때문에 자칫 선거승리라는 '작은 원'에 매달려 그것마저 놓칠 위험이 있는 것이다. 이런 때일수록 '희망2013'의 초심으로 돌아감으로써 '승리2012'의 결정적 고비를 슬기롭게 넘길 일이다. 더구나 비록 안개 속을 시원히 벗어나지는 못했다 해도 2011년의 서두에 비하면 2013년체제의 도래 증후가 곳곳에 드러나 있지 않은가.

제 2 부

5

'포용정책 2.0'을 향하여

1. 말문을 열며

'포용정책 2.0'이라는 표현은 지난해(2009) 9월 화해상생마당 심포지엄에서 「포용정책 2.0버전이 필요하다」라는 제목으로 발제하면서 처음 사용했다.[1] 새해 들어서는 한반도평화포럼 제5차 월례토론회에서 「'포용정책 2.0' 그리고 시민사회의 역할」이라는 제목으로 발표하면서 내용을 보완했다.[2] 이번 글은 두 행사에서의 토론을 감

---

1) 자료집 『전환기에 선 한반도, 통일과 평화의 새로운 모색』, 화해상생마당 2009.9.2. 당시에 나는 온전한 발제문을 준비하지 못하고 요지문만 제출한 상태에서 구두발표를 했다.
2) 자료집 『2010년 한반도 정세전망과 시민사회의 역할』, 한반도평화포럼

안하여 새로 손질한 것인데 그간 논의에 함께해준 분들로부터 크게 도움을 받은 것은 더 말할 나위 없다.

두번째 발표 때 '포용정책 2.0'에 따옴표를 붙였는데, '2.0버전'이라는 말이 컴퓨터 용어를 빌려온 일종의 수사적 표현인데다 '포용정책'이라는 단어도 꼭 맞는 표현은 아니라고 생각되었기 때문이다. 원래 이 단어는 냉전시기의 미국외교가 소련 또는 중국에 대한 적대정책에서 대화와 교섭 정책으로 돌아서면서 사용된 engagement policy의 한국어 번역이다. 이런 정책은 대북관계에서도 김대중 대통령의 '햇볕정책'이 출범하기 전에 클린턴 행정부에 의해 간헐적으로나마 채용되었다. 그런데 이것을 '포용정책'으로 번역했을 때의 주된 문제점은 한쪽이 다른 쪽을 일방적으로 '껴안아준다'는 뜻으로 오해되기 일쑤라는 점이다.[3] 상호적인 교섭에 나선다는 engagement의 원뜻이 왜곡되고, 그 결과 흡수통일론도 북의 동포를 껴안아준다는 의미로 '포용정책'이라 일컬어진다.[4] 비슷한 예로 '비핵·개방·3000'도 북이 비핵화만 하면 한국이 북한을 껴안겠다는 의지를 담은 새로운 포용정책이라는 주장이 가능해진다.[5]

2010.1.12.

3) 일본어로는 아예 '포옹정책(抱擁政策)'으로 옮기기도 하는데, 물론 강자가 약자를 일방적으로 배척하다가 교섭상대로 인정해주는 것이 일종의 '껴안기'에 해당할 수는 있다.

4) 예컨대 위의 화해상생마당 심포지엄에서 '북한동포 구출'을 명분으로 일종의 흡수통일론을 펼친 박세일 교수의 발표 제목은 「한반도 위기의 본질과 선진화 포용 통일론」이었다.

5) 이런 오해와 남용을 피하려면 '상용(相容)정책' 또는 '상종(相從)정책'으로 번역을 바꾸거나 차라리 '대화정책' '교섭정책'으로 의역하는 게 나을지 모르겠다.

번역상의 문제 외에 특별히 유념할 점은 원래의 포용정책이 곧 통일정책은 아니라는 사실이다. 미국이 소련 또는 중국과 교섭(engage)하기로 했을 때 당연히 그것은 상대방과의 통일(unification)이나 통합(integration)을 추구한 게 아니었다. 그런데 남북한 사이에서는 궁극적인 재통일을 위한 수단으로서의 포용정책이 된다는 점이 우리가 유념할 한반도의 특이한 사정인 것이다.

이런 한반도식 포용정책의 '1.0버전'이 일단 완성된 형태가 김대중정부의 햇볕정책이고 2000년 6월의 첫 남북정상회담을 계기로 본격적인 가동에 들어갔다는 것이 이 글의 대전제이다. 이를 두고 화해상생마당 심포지엄에서 몇가지 반론이 제시되기도 했기에 한반도평화포럼 발제에서 좀더 상세하게 논했고 이 글에서도 재론할 참이다. 그런데 한동안 정지상태에 빠졌던 김대중·노무현시대의 포용정책이 재가동되더라도 그것이 과거로의 단순 복귀일 수는 없고, 말하자면 '2.0버전'이라 불릴 만큼 획기적으로 쇄신된 내용이어야 한다는 점에는 폭넓은 원칙적 동의가 있는 것 같다.

물론 구체적 내용으로 들어가면 온갖 이견이 되살아나게 마련이다. 나 자신의 입장을 미리 밝히자면, '2.0'의 새 내용이 무엇보다 남북연합 건설을 향한 의식적 실천과 더불어 '시민참여형 통일' 과정에 대한 확고한 인식을 담아야 한다는 생각이다. 이는 당연히 본론을 통해 논증하고 설득할 주제들이지만, '시민참여형 통일'이라는 표현이 곧잘 야기하는 오해나 의구심에 대해 약간의 설명을 미리 해

그러나 이 글에서는 귀에 익은 '포용정책'이란 단어를 편의상 계속 사용하기로 한다.

두는 것도 나쁘지 않을 듯하다.[6]

먼저 '시민참여형'이라 할 때의 시민은 시민단체 활동가로 국한되지 않음은 물론, 좁은 의미의 시민사회가 아니라 민간기업도 포함하는 넓은 의미의 시민사회를 통일과정에 참여하는 주체로 설정하고 있음을 강조하고자 한다. 게다가 정부의 핵심적 역할을 부인하는 것도 아니다. 다만 남북간의 화해, 협력 및 통합 노력을 정부에만 맡기지 않고 민간이 적극 개입하는 동시에 정부의 통일정책에 민주시민으로서 직·간접의 영향력을 행사함을 뜻한다.

그렇다 하더라도 북쪽에 시민참여가 없는데 한쪽만을 근거로 '시민참여형 통일'을 말할 수 있는가, 게다가 남쪽의 민간사회 자체도 '제3당사자'라 일컫는 것은 지나치지 않은가 등의 질문이 이어지기 일쑤다. 북녘에 남녘과 같은 시민사회가 현시점에 존재하지 않는다는 사실이 '시민참여형 통일'론에 결정적인 반박이 될 수 없음은 졸고 「2007 남북정상회담 이후의 시민참여형 통일」(192~94면)에서 비교적 상세히 설명했으므로 되풀이하지 않겠다. 남쪽 민간사회의 현시점에서의 한계에 대해서도 여러 곳에 언급했는데, 실제로 민간교류의 현장에서 활동해본 인사들일수록 현실적 한계가 실감되고 '제3당사자'라는 표현이 공허하게 들리는 일이 흔하다.[7] 그러나 잊지

---

6) 나 자신 이런 이야기를 여러 기회에 했고 글로도 발표해왔는데, 『어디가 중도며 어째서 변혁인가』에서는 특히 「서장: 시민참여 통일과정은 안녕한가」, 제1장 「'5월 광주'에서 시민참여형 통일로」, 제4장 「북의 핵실험 이후: 남북관계의 '제3당사자'로서 남쪽 민간사회의 역할」 및 제8장 「2007 남북정상회담 이후의 시민참여형 통일」을 참조해주기 바란다.

7) 한반도평화포럼 토론회에서는 분단국간의 민간교류가 활발했던 점을 감안하

말아야 할 것은 한반도의 통일은 앞으로도 오랜 기간 진행될 장기적 과정이라는 점이다. 더구나 남북연합이라는 1단계와 어쩌면 또다른 중간단계를 거쳐서 진행되기 십상인 과정이다. 오늘의 국지적 현장에서의 실감으로 전체 과정의 성격을 재단해서는 안될 것이다.

올해(2010)로 66년째에 접어든 한반도의 분단은 그동안 시민참여를 통해 극복되지 못한 것도 분명하지만 그렇다고 정부 주도로 통일이 달성되지 못한 것 또한 엄연한 사실이다. 아니, 앞으로도 한동안은 달성될 전망이 안 보인다. 반면에 당국간의 대립이 완화될수록 민간사회의 참여가 상대적으로 늘어날 것이 분명하며, 남북연합이라는 '1단계 통일'이라도 이루어진다면[8] 시민참여가 더욱 획기적으로 증대되리라는 것은 결코 무리한 전망이 아니다. '시민참여형 통일'론을 처음부터 부정적으로 대하는 일도 일종의 타성이다.

아무튼 이명박정부 출범 후 거의 파탄상태로 치달았던 남북관계는 2009년 8월 초 클린턴 전 미국대통령의 방북을 고비로 우여곡절 속에서나마 대화국면에 접어들었고 한반도는 포용정책이 다시 작

면 오히려 독일통일이 '시민참여형'에 가깝지 않았느냐는 지적이 나오기도 했다. 그러나 1) 분단과정이 훨씬 폭력적이었던데다 동족상잔의 전쟁까지 치러서 민간교류가 거의 단절된 남북한과 그러한 원천적 제약이 없었던 동서독을 평면적으로 비교하는 것은 적절치 않으며, 2) 양독간 민간교류가 양적으로 막대하기는 했지만 '통일과정'이라는 목적의식을 담은 교류는 극히 제한적이었고 그 결과 베를린장벽 붕괴 이후의 통일과정 자체는 거의 전적으로 정부가 주도하게 되었다는 점에서 '시민참여형 통일'에 현저히 미달했다는 것이 나의 입장이었다.

8) 그것을 1단계 통일로 부를 수 있는 이유에 대해서는 『어디가 중도며 어째서 변혁인가』 제3장 「한반도의 시민참여형 통일과 전지구적 한민족 네트워크」 108면 참조.

동하는 시기를 맞이한 상황이다. 심지어 이명박 대통령 스스로 금년 내 남북정상회담의 실현을 공개적으로 예상하는 판국이다.[9] 포용정책의 지난날을 돌아보고 그 쇄신의 방안을 연마할 필요가 절실하다.

2. '포용정책 1.0'에 이르기까지

6·15공동선언을 1.0버전의 '완성판 출시'로 보더라도 그것이 오랜 기간 많은 예비버전을 거쳐서 완성된 것임을 상기할 필요가 있다. 동시에 예비버전을 1.0버전으로 오인하지 않는 것도 중요하다. 특정 예비버전을 1.0으로 격상하거나 심지어 1.0버전보다 우월한 것으로 추켜세우는 일은 6·15공동선언과 10·4선언을 폄하하는 수단이 되기도 하기 때문이다.

분단 이후 최초의 공식 남북공동 문건은 1972년의 7·4공동성명이다. 여기서 통일의 3원칙이 합의되어 오늘까지 인정받고 있다는 점에서 포용정책의 효시라 할 만하다. 성명의 나머지 합의사항들이 사문화되고 곧바로 극심한 남북대결의 시대로 접어들지 않았더라면 포용정책 1.0의 출발로 간주할 수도 있는 사건이었다. 물론 지금 돌이켜보면 그것이 결코 1.0의 출발일 수 없었던 것은 집권자 개인 차

---

9) 2010년 1월 28일 영국 BBC방송과의 인터뷰 녹화에 관한 국내 신문들의 1월 29일자 보도 참조. "연내 만날 수 있을 것 같다"는 대통령의 실제 발언이 청와대 발표에서 "연내라도 안 만날 이유가 없다"로 변조되어 물의를 일으킨 바 있는데, 국정 최고책임자의 대외발언으로서는 후자의 표현이 더 적절한 면도 없지 않다.

원의 문제에 그치지 않고 분단시대의 그 시점이 포용정책의 가동을 허용할 수 없는 '분단체제 고착기'였기 때문임이 드러난다.[10]

남북관계에서 괄목할 진전을 보인 것은 6월항쟁 이후에 성립한 제6공화국에서였다. 1988년 노태우 대통령의 7·7선언에 이어, 이듬 해 국회에 보고된 '한민족공동체통일방안'(1989.9.11)은 남북연합을 거치는 단계적 통일이라는 한국정부의 기본방향을 제시한 역사적 문건이다. 그리고 여기에 1991년 말에 서명되어 92년 초 발효한 '남북기본합의서'라는 뜻깊은 열매가 뒤따랐다.

그러나 노태우정권의 이런 업적을 곧바로 '포용정책 1.0'으로 규정하기는 어렵다. 첫째, 7·7선언은 물론이고 한민족공동체통일방안도 어디까지나 남쪽 정부의 '방안'이며 '포용 의지의 표현'이지 북쪽도 함께한 상용·상종행위는 아니었다. 둘째로, 이때의 남북연합 제안이 그다음에 완전 통일로 직행하는 것을 설정했기 때문에 북측으로서는 자신들의 입장에 대한 거부로 볼 수밖에 없는 성격이었다.

그에 반해 기본합의서는 북측이 수용한 문건이었다는 점에서 의미가 사뭇 다르다. 내용도 상호불가침 약속뿐 아니라 교류와 협력에 관한 수많은 구체적 합의를 담은 훌륭한 것이다. 다만 7·4공동성명과 마찬가지로 얼마 안 가 거의 사문화되었다는 점이 치명적인 약점이다. 아울러, 남과 북이 "나라와 나라 사이의 관계가 아닌 통일을 지향하는 과정에서 잠정적으로 형성되는 특수관계"임을 못 박은 것이 중요한 성과지만, 어떤 식으로 통일하겠다는 '근본문제'는 회피

---

10) 분단체제의 시대구분에 대한 내 나름의 시도로『한반도식 통일, 현재진행형』
　　제4장「분단체제와 '참여정부'」제2절 '분단시대의 진행에 대한 개관' 참조.

하고 넘어갔다는 점에서도 포용정책의 온전한 작동에 미달했다.

'예비버전'들을 논하는 과정에서 민간 차원의 성과들도 빼놓을 수 없다. 재야 통일운동의 선구적 주장들은 차치하더라도, 1971년 대통령선거에서 김대중 후보가 내놓은 '4대국보장 평화통일' 방안은 포용정책을 일찍부터 국정목표로 제시한 사례로 주목할 만하다. 야당 지도자로서 김대중은 6월항쟁 직후 1987년 8·15 기념사에서도 한민족공동체통일방안의 남북연합 구상을 앞질러 '공화국 연방제'를 제안하였다. 그런가 하면 1989년 4월 2일의 문익환·허담 공동성명은 연방제를 "단꺼번에 할 수도 있고 점차적으로 할 수도 있다는 점에 견해의 일치"를 봄으로써, 6·15공동선언에서 '근본문제'가 절묘하게 해결되는 단초를 마련했다.

아무튼 포용정책의 '포용'이 한쪽의 일방적인 구상이나 일시적인 접근이 아니고 쌍방이 지속적으로 교섭하고 교류하는 '상용'을 뜻하는 것이라면, 더구나 한반도에서 그것은 어떤 식으로든 통일과 무관할 수 없는 포용이라면, '포용정책 1.0'이 드디어 완성되는 것은 2000년 6월에 이르러서다. 이것이 '실행파일'까지 제대로 갖춘 완성버전이었음은 이후 급격히 늘어난 남북간 접촉과 공동사업, 공동행사 들이 입증해준다.[11] 그 성과는 너무나 획기적이어서 이명박

---

11) 1.0이 실행되고 얼마 안되어 미국에 새 행정부가 들어서면서 북미관계가 크게 악화되고 남북관계마저 위기에 처했을 때 2002년 4월 임동원 대통령특사의 방북으로 남북관계가 '원상회복'되고 동해선과 경의선의 철도 및 도로 연결 등 새로운 사업이 시작된 것을 포용정책 '1.1버전 출시'로 간주할 수도 있겠다. 그것이 북에서도 새로운 국면을 열었음은 2002년 7월 1일의 '경제관리개선조치' 발표를 봐도 실감된다.

정부 출범 이래의 6·15 격하 움직임과 남북관계의 악화에도 불구하고 2000년 이전의 단절상태와 비교하면 여전히 뚜렷한 차이를 보였다. 개성공단이 중단없이 가동되었고, 금강산관광의 단절에도 불구하고 이산가족면회소가 완공되고 심지어 이용되기도 했으며, 작년 (2009) 말의 서해교전 당시에도 한국경제와 국민의 일상생활에는 큰 동요가 없었다.

참여정부의 포용정책은 따로 논의할 문제지만 2007년 10월의 두 번째 정상회담과 10·4선언을 예의 컴퓨터 용어로 표현한다면 어떻게 될까? 선언의 제1항이 6·15공동선언을 적극 고수하고 구현할 것을 다짐하는 데서 보듯이 10·4는 6·15를 대체하기보다 그 '실천강령'을 마련하는 성격이었다. 그러나 6·15선언이 미처 다루지 못했던 ── 현실적으로 2005년의 베이징 9·19공동성명이 나오기 전에는 다룰 수도 없었던 ── 평화체제 문제와 군사·안보문제를 포함했다는 점에서 1.2 정도를 초월하는 새 버전으로 봐야 옳을 듯하다. 하지만 2.0이라기보다는 1.0의 큰 테두리 안에서 1.5 정도로 개량된 버전이라 생각되는데, 그에 대해서는 뒤에 다시 언급하겠다.

3. 1.0버전에 대한 논란과 평가

고려연방제 시비와 절차 논란

6·15공동선언이 포용정책 1.0의 완성이냐 아니냐라는 논란과는 별도로 그 내용에 대한 시비가 일찍부터 있었고 이명박정부 들어서

는 보수논객들의 단골메뉴로 떠올랐다. 그중에는 명백한 오해나 의도적 왜곡이 적지 않은데 먼저 이 점을 간략히 짚어보기로 한다.

가장 흔한 공격 가운데 하나는 6·15선언이 북측의 '고려연방제 통일방안'을 수용함으로써 헌법을 위반했다는 것이다. 여기에는 대통령이 국회의 동의 없이 그러한 합의를 했다는 절차상의 문제제기가 추가되기도 한다. 예컨대 박세일 교수는 이 두가지 비판을 동시에 제기하면서 다음과 같이 주장했다.

비록 명분론이라고 해도 '민족공동체통일방안'이 우리 대한민국의 公式의 통일방안이다. 그리고 북한의 공식의 통일방안은 '고려민주연방공화국 창립방안'이라는 對南赤化통일론이다.

그런데 6·15공동선언에서 어떠한 과정과 어떤 근거를 가지고, 이 두 방안의 통일론에 큰 차이가 없다는 합의를 공동선언문에 담았는지 알 수가 없다. 6·15선언이 사전이나 사후에 국회의 동의나 국민이나 전문가들의 의견을 수렴했다는 이야기를 들은 적도 없다. 6·15선언의 법적 성격이 무엇이며, 헌법일탈은 없었는지 따져봐야 할 것이다.

헌법에는 명백히 대통령에게 어떠한 통일방안도 자유 민주주의적 기본질서에 입각한 통일방안이어야 하고, '국가의 독립', 북한지역을 포함한 '영토의 보전', '국가의 계속성', 자유민주주의 원칙을 지키는 '헌법수호' 등을 반드시 전제해야 한다는 헌법적 의무를 부과하고 있다.[12]

6·15공동선언 제2항에서 남측의 연합제 안과 "서로 공통성이 있다"고 인정된 '낮은 단계의 연방제'가 '고려민주연방공화국 창립방안'과 전혀 다른 성격이며 도리어 국가연합안을 실질적으로 수용한 것이라는 점은 당일 토론에서 정세현 전 통일부장관이 상세히 지적한 바 있다. 예컨대 김일성 주석이 1991년 신년사에서 이미 '느슨한 연방제'를 제시하면서 북측은 "미국 초기 연방제처럼"(1991.6.2, 한시해 유엔 차석대사) 연방(federation)이 아닌 국가연합(confederation)으로 이동하기 시작했고, 6·15공동선언의 '낮은 단계의 연방제'는 "내정, 국방, 외교에 대해서 독자적인 권한을 가진 2개의 지역정부가 협력하면서 통일문제를 풀어나가자는 것"(2000.10.16, 안경호 조평통 서기국장)이라 하여 연방제라는 호칭만 고수할 뿐 내용상 국가연합과 일치함을 밝혔다는 것이다.[13] 이와 별도로 남북정상회담 현장에서 김정일 국방위원장이 김대중 대통령의 국가연합안 설명에 동의하면서 다만 명칭을 연방제로 하자고 제의했다는 배석자(겸 문안작성 참여자)의 증언도 있다.[14]

6·15선언에 대한 위헌시비가 대체로 '고려연방제 수용' 주장에 근거를 두고 있는 건 사실이지만 그것에 한정되지는 않는다. 박세일 교수의 지적대로 헌법 제4조는 "대한민국은 통일을 지향하며, 자유

---

12) 박세일 「한반도 위기의 본질과 선진화 포용 통일론」, 자료집 『전환기에 선 한반도, 통일과 평화의 새로운 모색』 24~25면, 밑줄은 원문.
13) 정세현 토론문, 같은 자료집 41~43면.
14) 임동원 회고록 『피스메이커: 남북관계와 북핵문제 20년』, 중앙북스 2008, 99~106면 '연합제 vs. 연방제'.

민주적 기본질서에 입각한 평화적 통일 정책을 수립하고 이를 추진한다"라고 규정하고 있다. 따라서 그는 "자유 민주주의적 기본질서에 입각"하지 않은 어떠한 통일방안에 대한 합의도 "헌법위반 내지 헌법 불일치"라는 것이다.

헌법학의 문외한으로서 조심스럽지만 여기서 대한민국 헌법 전문(前文)과 제4조에 거듭 나오는 '자유민주적 기본질서'에 대해 생각해본다. 박세일 교수는 이를 '자유 민주주의적 기본질서'로 옮겨 적고 있는데 이는 헌법의 '자유민주적 기본질서'를 '자유민주주의'로 좁혀버릴 위험이 있다. 누구나 인정하겠지만 대한민국은 자유민주주의뿐 아니라 사회민주주의, 심지어 사회주의도 원칙상 용인하는 국가다. 따라서 헌법의 '자유민주적 기본질서'는 민주주의의 이름으로 '인민전정(人民專政)'이라든가 거대여당의 의회독재 따위를 하지 않고 시민의 인권이 존중되는 '자유로운 민주주의', 곧 칸트적 의미로 '공화주의적'인 민주주의를 하는 체제로 봐야 한다.[15]

---

15) 칸트의 「영구평화론」에 따르면 공화주의는 전제정치에 반대되는 개념이다. 따라서 군주제라도 입헌군주정치는 공화주의적일 수 있는 데 반해, 민주제가 다수의 전제정치가 되면 반공화주의적이 된다. 대한민국 헌법의 경우 제1조 1항 "대한민국은 민주공화국이다"에서 '공화국'은 군주국이 아니라는 것이 일차적인 의미지만, 전문의 '자유민주적 기본질서' 및 제1조 2항("대한민국의 주권은 국민에게 있고, 모든 권력은 국민으로부터 나온다")과 결합함으로써 대한민국이 민주주의국가이자 칸트적 의미의 공화주의국가임을 규정하고 있다. 이러한 국가는 또한 헌법 제119조의 1항과 2항에 각기 명시된 "개인과 기업의 경제상의 자유"와 "경제의 민주화를 위〔한〕 경제에 관한 규제와 조정" 사이에 균형을 잡는 민주공화국이며, 경제분야에서도 '자유민주적 기본질서'로 전면적인 자유주의를 채택한 것이 아니다.

아무튼 국가연합제와의 공통성을 전제로 '낮은 단계의 연방제'를 선언문에 포함시킨 것이 헌법위반일 수는 없다. 오히려, "대통령은 조국의 평화적 통일을 위한 성실한 의무를 진다"는 헌법 제66조 3항의 이행이므로, '헌법 불일치'조차 아니다. 만약에 대한민국 헌법의 '자유민주적 기본질서'를 수용하겠다는 명시적 선언을 평양당국으로부터 받아내지 않고도 북측을 평화통일을 위한 교섭의 대상으로 인정하고 합의문을 산출한 것 자체가 위헌 내지 헌법일탈이라면, 이를 가장 먼저 저지른 사람은 7·4공동성명 발표를 지휘한 박정희 대통령이요, 다음으로는 남북기본합의서를 체결한 노태우 대통령을 꼽아야 할 것이다. 김영삼 대통령도, 비록 재임중 아무런 남북합의문도 생산하지 못하는 기록을 세웠지만, 김일성 주석의 갑작스러운 사망이 아니었다면 정상회담이 열렸을 것이 확실시되는만큼 '헌법위반 미수범'으로 분류되어야 맞겠다.

6·15선언 제2항의 합의가 이처럼 대한민국의 '자유민주적 기본질서'에 충실한 국가연합에 대한 합의요 헌법상 대통령의 평화통일 노력 의무의 수행임을 인정한다면 대통령의 독단적인 행위라는 비난도 설득력을 잃는다. 2000년 정상회담은 7·4공동성명과 같은 '깜짝쇼'가 아니었을 뿐 아니라 94년의 정상회담 합의에 비해서도 훨씬 충실한 여론수렴을 바탕으로 개최되었다. 공동선언문 자체도 비록 국회비준은 없었지만——조약이 아니므로 비준을 요하는 것도 아니었다——여론의 압도적인 지지 속에 국회보고를 거쳤고 그해 유엔총회에서 만장일치의 지지를 받았다. 10·4선언의 경우는 국회에서 여야합의로 통과된 남북관계발전에 관한 법률(2005.12.29 제정, 2006.6.30

시행)에 근거하고 그 절차에 따라 진행되었으니 과정의 합법성과 투명성은 더 말할 나위 없다.

'퍼주기'와 인권문제

포용정책 1.0에 대한 또 한가지 비판은 이른바 '퍼주기' 논란이다. 대북 경제협력 및 인도적 지원의 구체적 내용을 두고 그 효율성이나 투명성을 엄정하게 검증하고 평가하는 일은 필요하다. 실제로 이명박정부 아래서의 대결국면을 거치면서 장래의 교섭질서에 기여하는 바도 없지 않을 것이다. 그러나 논란을 키우기 위해 정상적인 무역거래 대금까지 지원금에 포함시키는 회계상의 무리를 저지르지 말아야 하며, 지원금 자체가 과연 '퍼주기'라 부를 만큼 넉넉한 규모였는지도 세밀히 따져볼 일이다. 게다가 금강산사업이나 개성공단을 시작하면서 휴전선을 북측의 군사요충지 너머로 실질적으로 후퇴시키는 등의 결정적인 '퍼오기'를 해온 데 대한 계산을 당연히 포함시켜야 할 것이다.

그런데 대북지원과 관련된 논란에서도 엄밀한 계산보다는 '우리가 준 돈으로 핵무기를 만들었다'든가 '포용정책이 북측 정권의 수명만 연장시켰다'는 식의 선동이 판을 치기 일쑤다. 물론 북이 핵무기를 만든 건 사실이고 돈에 이름표가 붙어 있지 않은 이상 남에서 간 돈이 핵무기 프로그램에 보태졌을 가능성을 배제할 수 없지만, 북의 예산규모나 무기판매를 포함한 수출대금량을 감안할 때 '핵 억지력 확보'의 국가목표를 일단 세웠다면 남에서 들어오는 돈이 없다고 핵개발을 못했을 리 없다.[16] 마찬가지로 한국이 '햇볕' 아닌 '찬바람' 정책을 취했더라면 북이 무너졌으리라는 주장은 남한의 실력을 턱없이 과장한 억측에 불과하다. 실제로 이 주장은 독일통일 이래 걸핏하면 북의 조기 붕괴를 예언해오다가 면목이 없어진 인사들의 책임전가용으로 동원되곤 한다.

포용정책의 추진자 및 지지자 들이 북녘 주민의 인권상황에 무감각했다는 비판은 조금 성격이 다르다. 이 경우도, 초강대국의 봉쇄정책이 주민통제의 최대 명분으로 통하는 상황에서 긴장완화를 추구하고 굶주리는 사람들의 기본적인 생활수단 확보를 돕는 것 자체가 반인권적이라는 주장은 어불성설이다. 하지만 그러한 노력에 더하여 북의 인권개선을 촉구하는 공개적인 언동도 보여줘야 옳다는 주장이라면 이는 적절한 역할분담을 전제로 사안별로 대응할 문제이며, 종전의 포용정책이 그 점에서 부족했다는 비판도 수긍할 대목이 적지 않을 것이다. 또한 탈북자문제도 일부 탈북자집단의 도발적 반북행위를 당국이 묵인하거나 음성적으로 지원하는 양상은 개탄해 마땅하지만, 정부와 민간 차원에서 탈북·입경주민들에 대한 관심을 확대할 필요는 있으며 특히 통일지향적 시민운동은 그들의 경험과 능력을 시민참여형 통일의 자산으로 살릴 길을 좀더 적극적으로 찾아야 할 것이다.

---

16) 핵과 미사일 개발비용이 한국정부의 '퍼주기' 탓이라는 주장을 반박하면서 그간의 대북지원 실상에 대해 상세히 설명한 정세현 「北 경제구조 모르고 '핵·미사일 개발 비용 논하지 마라」, 『프레시안』 2009.7.7(http://www.pressian.com/article/article.asp?article_num=40090707100127) 참조.

통일정책으로서의 한계

아무튼 포용정책 1.0 자체를 부정하는 비판은 대부분 오해나 왜곡이지만 기존의 포용정책이 지닌 문제점을 되돌아보는 계기로 그런 비판을 활용할 소지는 충분하다. 예컨대 '고려연방제 수용' 주장이 무지의 소치거나 생트집이라 해도, 우리 정부 스스로 6·15공동선언 제2항의 의의에 대해 얼마나 확고한 인식과 경륜을 갖고 포용정책을 추진했는지는 반성해볼 일이다. 물론 제2항의 일차적 의의는 통일방안이라는 '근본문제'에 대해 절묘한 절충적 표현을 찾아냄으로써 구체적인 교류협력과 상호신뢰 구축의 길을 열었다는 점이다. 하지만 그런 다음에 어찌할지에 대해서는 '무책(無策)'에 흐른 바 없지 않았던 것이다.[17]

그로 인해 '퍼주기' 논란도 한층 가열될 수밖에 없었다. 옛 서독이 동독에 훨씬 많은 퍼주기를 해서 결국 통일에 성공했다는 지적도, 독일식 흡수통일은 안하겠다는 것이 포용정책이고 보면 대북경제 지원의 명분으로서는 설득력이 약하다. 그러다보면, 결국은 흡수통일로 가는 건데 우리끼리만 알고 있자는 떳떳지 못한 태도로 기울거나 아니면 경협과 지원을 계속하다보면 북도 중국이나 베트남처럼 개혁·개방의 길로 나서리라는 낙관적 기대에 너무 많은 것을 걸게 된다.

물론 북이 지금보다는 개혁적이고 개방적인 노선으로 나아가는 것은 불가피하고 이 과정에서 중국과 베트남의 경험이 많은 참고가

---

17) 『한반도식 통일, 현재진행형』 제10장 「한반도에 '일류사회'를 만들기 위해」 189면 참조.

될 것이다. 그러나 중국과 베트남의 선례를 참고할 때 도리어 불길한 느낌을 주는 대목도 있다. 두 나라 모두 통일전쟁의 승자였고, 휴전선 너머 남한의 존재 같은 위협적 경쟁상대가 없는 정황에서 개혁·개방에 나섰던 것 아닌가. 이에 반해 북은 사정이 전혀 다르다. 평화협정이 체결되고 북미관계가 정상화되며 외부의 경제지원이 증대한다고 해도 그것만으로는 분단국가로서의 체제안전이 보장되지 않는 것이다.[18] 그야말로 '퍼주는' 것만 챙기면서 개혁은 최소화하려는 집권세력의 욕구를 제어하기가 힘들게 마련이다.

결국 6·15공동선언 제2항에 이미 제시된 남북연합이라는 해법을 본격적으로 추구하는 길밖에 없다. 곧바로 통일국가로 가지도 않으면서 무작정 대치상태를 지속하는 것도 아닌 국가연합의 결성만이 "'통일을 지향하는 평화'를 관리하고 발전시켜나가는"[19] 과정에서 북측의 불안을 그나마 달래줄 수 있는 것이다. 남북기본합의서에 처음 나왔고 '남북관계발전에 관한 법률' 제3조 1항으로 법제화된 언어를 빌려 말한다면, "남한과 북한의 관계는 국가간의 관계가 아닌

---

18) 북의 중국식 또는 베트남식 개혁·개방 전망에 대해 나는 2007년의 정상회담 직후에도 "이 점에서만은 보수측 논객들과 공감하는" 편이라고 토로한 바 있다. "북미수교가 이루어지고 남측하고 교류가 활발해진다 하더라도 남한이라는 상대가 없어지는 건 아니거든요. 남한의 존재 자체가 엄청난 위협인데 그 앞에서 중국식 내지 베트남식 개혁·개방을 할 수 있겠는가 (…) 중국이나 베트남식의 개혁·개방과는 매우 다른 길이 아니고는 불가능하다고 봅니다."(졸고 「2007 남북정상회담 이후의 시민참여형 통일」,『어디가 중도며 어째서 변혁인가』201면) 물론 나는 남북연합이라는 대안을 제시한다는 점에서 보수측 논객들과 기본 논지를 달리한다.
19) 임동원, 같은 책 742면.

통일을 지향하는 과정에서 잠정적으로 형성되는 특수관계"임이 맞지만 그 '특수관계'는 또한 '국가연합에 참여하는 특수한 국가간의 관계'를 겸하는 데까지 가야 되는 것이다. 그때 비로소 남측의 대북지원도 무작정 '퍼주기'가 아니라 남북연합을 준비하고 북의 변화를 확실하게 지원하는 사업으로서의 명분을 획득하게 된다.

2007년의 제2차 남북정상회담과 10·4선언을 통해 포용정책이 '1.5버전'으로 진화했다고 평가하는 이유 중 하나도, 국가연합을 실질적으로 준비하는 여러 조치에 대한 합의가 포함되었기 때문이다. 정상간의 '수시로' 만남을 비롯하여 고위급회담 수석대표가 통일부장관에서 총리로 격상되고 차관급이 맡던 경제회담은 부총리급으로 격상, 그밖에 수많은 정부간 접촉과 민간교류에 대한 적극적 조치가 마련된 것이다. 그러나 '2.0버전'의 출범으로 보기에는 이명박정부 아래서의 급격한 동력상실을 떠나서도 그 현실인식 자체가 1.0대 버전들이 공유하는 한계를 뛰어넘지 못했다고 판단된다.

4. 포용정책 2.0을 향하여

'냉전해소'를 넘어 '분단체제극복'으로

포용정책 1.0은 6·15공동선언 첫머리의 표현 그대로 "조국의 평화적 통일을 염원하는 온 겨레의 숭고한 뜻"을 담았고 분단극복에 관한 김대중 대통령 개인의 오랜 경륜이 실림으로써 '통일정책을 겸하는 한반도적 포용정책'의 기본요건을 갖추었다. 그러나 분단현실에 대한 체계적이고 총체적인 인식에서는 미흡한 점이 없지 않았다. 예컨대 분단현실을 주로 '냉전체제'라는 개념으로 접근한 것이 그렇다. 한반도 및 동아시아에 자리잡은 냉전체제가 청산대상인 점이야 더 말할 나위 없으나, 실제로 동서냉전체제가 그 주된 버팀목이었던 독일의 분단과 달리 한반도에서는 국토분할 초기부터 제3세계 특유의 대외적 역학관계와 내부적 갈등이 가세했던 것이며, 한국전쟁이라는 열전(熱戰)을 거쳐 분단이 더욱 굳어지고 분단체제라고도 일컬음직한 지구력과 자생력을 갖게 되었다. 베트남과 예멘, 독일이 모두 통일된 후까지 한반도의 분단이 지속되는 것도 우리 민족이 특별히 못났거나 분열주의적이어서가 아니라 한반도 특유의 분단체제가 형성된 탓이다.[20]

따라서 이 현실을 극복하는 데도 그에 걸맞은 복합적이고 정교한 대응이 필요하다. 단순한 냉전체제 해소나 (남한의 경우) 극우반공주의 청산을 넘어, 분단체제 기득권세력의 자기보존에 냉전 이데올로기와 함께 복무해온 지역주의 등 각종 패거리주의, 개발지상주의, 성차별주의, 획일주의 등의 작동구조를 종합적으로 해체해가는 변혁운동이 요구되는 것이다. 그리고 한반도의 실정으로는 이러한 변혁이 혁명이나 전쟁으로 일거에 달성할 수 없는 것이기에, 오로지 남북의 재통합과정과 정교하게 연계된 사회개혁 작업이 누적됨으로써만 가능하다. 이는 또한 "조국의 민주개혁과 평화적 통일의 사

---

20) 분단체제의 극복이 단순한 '분단극복=통일'과 구별된다는 것은 나로서는 새삼스러운 이야기가 아니지만 이 담론이 낯선 분들은 『한반도식 통일, 현재진행형』 제8장 「통일작업과 개혁작업」 등 졸고를 참조해주기 바란다.

명"을 전문에 명시한 대한민국 헌법의 기본정신이기도 하다.

그런 점에서 당장의 통일보다 평화정착을 우선시한 햇볕정책의 기조는 올바른 것이었고, 햇볕정책 자체가 남한사회의 민주화를 통해 가능해졌다는 '복합적' 성격을 이미 띠고 있기도 했다. 반면에 불완전한 민주화의 산물인 김대중정부는 지역주의의 피해자인 동시에 수혜자이기도 했고 권위주의적 정당운영 등 구시대적 병폐를 스스로 떠안고 있었기에, 일관된 분단체제극복전략을 수립할 수 없었다. 물론 햇볕정책이 더 많은 성과를 내지 못하고 초기의 압도적인 국민지지가 상당부분 유실된 가장 큰 이유는 미국에 부시 행정부가 들어서면서 대북적대정책이 채택되고 클린턴 시절의 한미공조가 흔들렸기 때문이다. 그렇다고는 해도 김대중정부는 한반도의 평화정착과 통일이 시민참여의 꾸준한 확대를 통해서만 가능한 장기적 '분단체제극복' 과정이라는 인식이 애초부터 미약했으며, 이 과정의 핵심이자 6·15공동선언의 가장 빛나는 성취에 해당하는 남북연합에 관해서 집권기간 내내 아무런 언급이 없었다. 물론 부시 행정부가 들어서고 DJP연합이 깨진 상황에서 그 이야기를 꺼낼 처지도 아니었지만, 앞절에서 언급한 포용정책 1.0의 문제점들 다수가 남북연합을 통해서만 해소될 수 있다는 인식이 얼마나 충실했는지 의문이다.

참여정부의 한계와 이명박정부하의 남북관계

노무현 대통령은 국내문제에서 지역주의와 권위주의 그리고 분단체제의 기득권을 형성하는 온갖 특혜와 반칙을 청산하려는 강한

의욕을 품은 정치인이었고 평화통일에 이바지하려는 충정도 누구 못지않았다. 그러나 남북관계의 발전과 국내개혁의 밀접한 상호연관에 대한 통찰에서는 전임자보다 오히려 후퇴했다는 인상이다. 대표적인 사례가 취임 초기의 대북송금 특검인데, 투명한 법치의 부분적 증대나 대야관계의 일시적 개선으로 얻는 것보다 남북관계의 악화에 따른 국내 기득권세력의 강화가 훨씬 큰 손실이 되리라는 계산을 못했던 것 같다. 한마디로 분단체제의 작동방식에 둔감했던 것이다. 결과적으로는 남측 내부에서 의욕만 앞세운 개혁추진이 벽에 부딪힌 것이 역으로 남북관계 발전의 동력을 떨어뜨리기도 했다. 제2차 남북정상회담이 집권 말기로 미뤄진 것이 참여정부의 책임만은 아니지만, 2005년의 6·15민족공동행사와 김정일 위원장의 남측 특사 면담, 북측 당국대표단의 8·15행사 참여와 적극적인 화해 동작, 한국이 중요한 역할을 해서 만들어낸 베이징 9·19공동성명 등 일련의 성과를 좀더 살렸더라면 정상회담을 앞당기거나 적어도 10·4선언에 대한 국민지지를 더 확실히 다질 수 있었으리라 본다.

결과적으로는 포용정책 '1.5버전'에 착수하자마자 '비핵·개방·3000'이라는, 상대가 도저히 받을 수 없는 일방적 '포용' 제의를 내건 대통령후보가 큰 표차로 당선되었다. 사실 정상적인 사회라면 보수파—특히 중도·실용을 표방하는 보수파—로의 정권교체는 '1.5버전'을 더욱 개선하여 '2.0버전'을 준비할 좋은 기회이다. 곧, 새 정부가 남북관계의 추가적 발전을 '선진화'의 핵심적 과제의 하나로 설정하여 포용정책의 지지기반을 중도세력과 건전한 보수세력으로까지 확대하고 민간기업의 대북경협 참여를 적극 유도하는 가운데, 이른바 진보성향의 시민단체들은 정부와의 건강한 긴장을 유지하면서 '시민참여형 통일' 작업에 더욱 충실해질 호기였던 것이다.

그러나 분단체제의 일익에 해당하는 한국사회는 (나름의 눈부신 성취에도 불구하고) 두번째 수평적 정권교체로 민주화가 완성되고 선진국 대열에 확실히 진입하는 그런 '정상적인' 사회가 못 된다.[21) 2007년 대선은 진정한 보수파의 집권도 중도·실용의 승리도 아니었다. 본질상 그것은 1987년의 군사독재 종식과 2000년의 포용정책 출범 이래 분단체제 속의 특권적 위치가 크게 위협받고 다분히 위축되었던 수구세력이 반격의 총공세를 벌인 마당이었다. 물론 이 공세가 성공할 수 있었던 것은 참여정부에 실망한 서민대중과 건전한 보수주의자 상당수가 호응했기 때문이다. 하지만 수구세력은 그런 호응을 얻어내기 위해 상식과 진실을 무시한 온갖 수법을 동원하지 않을 수 없었으며, 승리 이후 저들의 국정운영은 민주화와 남북화해의 성과를 훼손하고 서민경제를 위협함은 물론 법치와 절제, 재정건전성 등 보수주의자의 기본적인 미덕마저 짓밟는 일이 흔했다.[22)

---

21) '2회의 정권교체라는 시험'(two-turnover test)을 통과할 때 민주화가 완성된다는 헌팅턴(Samuel P. Huntington, *The Third Wave: Democratization in the Late Twentieth Century*, Univ. of Oklahoma Press 1991; 한국어판은 『제3의 물결: 20세기 후반의 민주화』 강문구·이재영 옮김, 인간사랑 2011)의 논지 자체가 반(半)권위주의로의 복귀를 미화하는 혐의가 없지 않은데, 2007년 대선을 앞두고 한나라당의 승리를 마치 한국 민주화의 당연한 귀결인 듯 예상하는 논의가 이른바 진보적 학자들 사이에도 적지 않았다.

22) 바로 그렇기 때문에 오늘날 한국사회의 위기를 '3대 위기론'으로 온전히 해명하기 힘들다. "민주주의의 위기 이전에 상식과 기본적인 염치지심(廉恥之心)의

물론 대한민국은 이들이 집권했다고 해서 독재시대로 완전히 돌아가거나 6·15 이전의 살벌한 남북대결로 회귀하기에는 이미 너무나 '선진화'한 사회였다. 특히 남북관계는 비록 그간의 실적이 참담했지만 여타의 위기들보다 먼저 완화될 공산이 크다.[23] 첫머리에 언급했듯이 남북정상회담이 머잖은 장래에 성사될 조짐이 보이는데, 다만 지금 상태로는 회담이 열리더라도 두 정상이 마음을 열고 민족의 장래를 논의하기보다는 한쪽은 경제적 실리를, 다른 한쪽은 주로 정치적 실리를 챙기는 머리싸움의 성격이 짙게 되지 싶다.

최악의 경우 정상회담을 하고 난 뒤에도 상호불신이 남아 남북관계는 '저강도 위기상황'이 가시지 않은 채 한반도문제에서 한국의 주도력이 더욱 미미해질 수 있다. 그렇더라도 포용정책 1.0 내지 1.1 버전이 일단 복원되는 사태는 환영할 일이며, 1.5버전의 부분적 복원을 더함으로써 1.1보다는 진전된 1.2 또는 1.3 버전을 출범시킬 수도 있다. 반면에 국내정치에 괄목할 진전이 이룩되어 정부가 야당과 시민사회의 의제를 한층 존중하는 자세로 정상회담에 임하게 된다면──길게 볼 때 이를 위해 필자가 지난해 제안한 바 "남북

위기, 나아가 '법치'니 '중도'니 '녹색'이니 하며 한국어의 소통가치를 위협하는 언어생활의 위기가 진행되고 있는 형국"(졸고 「지난 백년을 되새기며 새 판을 짜는 2010년으로」, 『창비주간논평』 2009.12.30, http://weekly.changbi.com/411) 이기 때문이다.

23) 이는 물론 천안함사건이 일어나기 전의 진단이었다. 5·24조치와 연평도 포격사건을 거쳐 2011년 말까지 지속되었고 어쩌면 2012년에도 큰 개선이 없을지 모르는 경색국면을 예견하지 못한 발언이다. 그러나 개성공단의 존재만 보더라도 이런 엄중한 상황에서조차 6·15의 긴장완화 효과가 아주 사라진 것은 아니라고 말할 수 있다.

화해와 통일 문제를 정부의 일방통행과 여야정쟁의 영역에서 끌어내어 시민사회의 중도적 양식과 정치권 및 관료사회의 책임있는 역량이 결합하는 심의기구 내지 합의기구"[24] 같은 것도 필요하리라 보지만──1.5를 오히려 개선한 (가령) 1.7버전의 개발도 불가능한 것은 아니다. 다만 2.0버전의 주된 내용은 분단체제극복을 향한 시민참여의 획기적 강화와 남북연합 건설이기 때문에, 현 정부의 성향이나 인적자원으로 보아 임기중 그런 내용을 담은 포용정책의 시동을 기대하기는 어렵다. 이명박정부 아래 값진 공부를 해낸 남쪽 국민과 시민사회의 또 한차례 분발에 의지해야 할 대목이다.

시민참여형 통일과정과 '제3당사자'

국가연합만 해도 실감을 못 느끼는 사람이 많은 터에 시민참여형 통일과정, 그것도 남한의 민간사회가 '제3당사자'로 개입하는 통일과정을 말하면 지식인의 탁상공론이나 시민운동가의 이상주의로 치부될 위험이 크다. 하지만 서론에서 잠시 비쳤듯이 베트남과 예멘과 독일이 통일된 뒤에도 한반도가 통일되지 않은 것은 엄연한 현실이고, 저들처럼 통일될 확률이 매우 낮다는 것도 하나의 상식이다. 그런데 사실인즉 남북의 정상들 스스로 2000년에 이미 그 상식을 공유하고 한반도는 국가연합(내지 '낮은 단계의 연방')이라는 중간과정을 거쳐서 통일로 간다는 점에 합의했다. 그리고 이렇게 합의한 순간, 당국자들의 의도가 무엇이건 민간사회가 베트남, 예멘 또는

---

24) 『어디가 중도며 어째서 변혁인가』 제12장 「비상시국 타개를 위한 국민통합의 길」 260면.

독일에서와는 다른 수준으로 개입할 공간이 열린 것이다.

남북연합의 현실적 중요성에 대해 앞절에서 논한 바 있지만, 국가연합 건설은 시민참여형 통일과정과 불가분의 관계임을 거듭 강조할 필요를 느낀다. 국가연합이라는 중간단계를 두고 점진적으로 진행하는 통일이기에 일반시민이 적극 참여할 수 있는 공간이 열리는가 하면, 주변국들은 물론 남북의 당국들도 현재로서는 국가연합 결성에 큰 의욕을 안 보이기 때문에 시민사회가 적극 나설 수밖에 없기도 한 것이다.

시민참여의 방법은 여러가지다. 어차피 북측은 현 체제가 지속되는 한 최고지도자가 (일정한 여건이 갖춰진 시점에서) 전략적 결단을 내리기를 기다릴 수밖에 없다고 할 때, 남은 과제는 남북연합을 먼저 제안했고 국가연합의 결성이 나라의 '자유민주적 기본질서'에 아무런 위협이 되지 않는 남측 정부의 적극적인 자세를 이끌어내는 일이다. 일차적으로는 남북연합 건설작업에 역행하는 정권을 견제하는 일이며, 나아가 시민참여형 통일과정을 수용하는 국정운영체제로 하루속히 전환하는 일인 것이다. 또한 민간기업을 포함하는 넓은 의미의 시민사회가 남북 화해와 교류에 직접 나서서 국가연합 건설의 기반을 만듦은 물론, 남북관계와 직접적인 관련이 없는 생활현장의 곳곳에서 남북의 평화적이고 시민참여적인 재통합에 걸맞은 사회개혁과 자기쇄신을 쌓아가야 한다. 물론 북측 당국을 향해서도 '제3당사자'다운 독자성을 갖고 비핵화와 친환경적 발전, 주민권익의 향상 등 남녘 시민운동 고유의 의제들을 이런저런 경로로 제기해야 한다.

분단체제의 극복이 통일지상주의적 통일론과 구별되는 지점이 바로 이런 시민참여의 중요성이다. 그리고 분단체제극복작업의 일환으로 국제무대에서도 당국에 굳이 의존하지 않는 시민사회 고유의 연대작업과 외교활동이 요구되는데, 당국이 역주행하는 시기야말로 오히려 독자적인 행동반경을 확대할 호기라 할 수 있다.

동북아평화체제와 한반도비핵화의 현실적 동력

이런 시민참여행위가 이상주의자의 헛된 몸짓으로 끝나지 않을 개연성은 국제정치의 큰 흐름에서도 드러난다. 그 하나는 동북아지역의 평화체제에 대한 오랜 욕구에 부응한 역사상 최초의 국제적 합의문건이 한반도문제를 계기로 나왔다는 사실이다. 2005년의 9·19 공동성명이 바로 그것인데, 이는 유럽에서 이미 1975년에 나온 헬싱키선언 수준에도 못 미치는 '낮은 단계의 신사협정'에 불과하지만, 한반도 평화협정 체결에 필수적인 국제적 합의를 제공한 데 그치지 않고 한반도와 동북아평화체제 구축 노력의 긴밀한 상호연관성을 인식하고 그 동시적 진행의 틀을 제공했다. 이로써 남북연합을 겨냥한 한국 시민사회의 활동은 곧바로 동북아의 지역협력과 평화를 증진하는 지역운동의 일부가 되며 동아시아 지역연대를 위한 운동이 한반도문제를 자신의 의제로 삼을 수 있게 된 것이다.[25]

---

25) 이는 "한반도 복합국가 구상은 동아시아적 시각에 따라 재조정될 필요가 있다. 여기서 말하는 동아시아적 시각이란 현존하고 있거나 과거에 존재했던 동아시아적 질서의 위계적 구조를 인정하고 그 다양한 층위들의 복합 구조에 근거해 한반도 복합국가 구상을 전개하는 일이 될 것이다"(류준필 「분단체제론과 동아

더구나 한반도문제가 비핵화라는 당면과제에 집중됨으로써 남북연합을 위한 시민운동의 현실주의적 타당성이 오히려 더 확실해진다. 북이 완전한 비핵화에 동의하려면 이른바 체제보장에 대한 북측의 요구가 어느정도 충족되어야 할 터인데 평화협정 체결과 북미수교 그리고 대규모 경제원조가 더해지더라도 남한의 존재 자체가 위협으로 남을 수밖에 없는 사정을 앞에서 지적했다. 한반도의 재통합과정을 비교적 안정적으로 관리할 국가연합이라는 장치가 마련되어갈 때 비로소 북측 정권으로서는 비핵화 결단을 내리고 자체개혁의 모험을 감행할——비록 완전히 안심되지는 않더라도——그나마의 여건이 충족되는 것이다. 현실주의자라는 사람들이 아직은 이 대목을 심각하게 고민하는 것 같지 않다. 그러나 현단계 시민참여형 통일과정의 핵심현안인 국가연합 건설작업과 북핵문제 해결의 현실주의적 인식 사이에 뜻밖의 친화성이 존재함을 불원간 확인할 수밖에 없으리라 본다.

시아론」, 『아세아연구』 제52권 4호, 2009, 69면)라는 타당하고 막중한 주문에 대해 극히 부분적인 해답이 될 뿐이다. "동아시아적 질서의 위계적 구조"때문에 유럽연합처럼 국민국가가 기본단위로 모인 동아시아 정치공동체나 안보공동체는——또한 느슨한 협력관계를 넘어서는 경제공동체라 해도——원천적으로 불가능하다고 봐야 하며, 따라서 군사안보분야에서는 미국과 러시아까지 끌어들인 이해당사국들의 신사협정체제('헬싱키 모델'), 경제분야에서는 국가 차원의 느슨한 협력관계를 바탕으로 (국가가 아닌) 경제권역들 사이의 유대강화 등 다층위적인 접근이 필요할 듯하다. 이 문제는 다른 기회에 더 연마해볼 생각이다.(미흡한 대로 연마의 결과 일부를 본서 47면 각주2에 언급된 「'동아시아공동체' 구상과 한반도: 일본의 한국병탄 100주년을 맞아」에 담았다.)

5. 결론을 대신하여 — 민주개혁 전략의 일환으로서의 '포용정책 2.0'

미국의 부시 행정부 말기에 시작된 포용정책으로의 복귀가 이제 본궤도에 오른 느낌인데다 미국뿐 아니라 남측과도 대화하겠다는 북측의 전략적 결단도 현실로 나타나고 있는 현시점에서, 가장 중요한 변수는 남쪽 정부의 선택이지 싶다. 우리 정부 또한 종전의 대결적 자세로부터 이동하는 조짐을 보이는 것이 사실이다. 이는 모두 반가운 변화들이지만, 시민사회의 역할을 획기적으로 늘려서 한반도에 분단체제보다 나은 사회를 건설하는 것을 핵심내용으로 삼는 '포용정책 2.0'의 기준으로는 이명박정부에 의한 1.0 내지 1.5의 복원이 이룩된다 해도 그것으로 만족할 수는 없다. 당장에 2010년부터라도 국정운영체계에 본질적 개선을 이루어 현 정권으로 하여금 1.6 또는 1.7의 진전된 프로그램을 개발하도록 견인하는 것이 일차적 과제이며, 민주화의 또 한차례 전진을 통해 국내에서는 말하자면 three-turnover test 곧 3차 정권교체의 관문을 통과함으로써 이제 생명력이 소진되어 말기적 혼란에 빠진 '87년체제'를 드디어 넘어서는 일이 다음 목표인 것이다.

이렇게 보건대 한반도식 포용정책은 통일정책을 겸할뿐더러 헌법 전문에 '평화적 통일'과 함께 명시된 '조국의 민주개혁' 전략의 일환으로 자리매겨질 때 비로소 그 뜻이 온전히 살아난다고 말할 수 있다. 1.0대에 머무는 어떤 더 높은 버전이 아니라 2.0으로 머리숫자를 달리하는 버전을 주장하는 취지가 그것이다. 이는 제대로 된 2.0 버전이 가동될 때면 시민사회의 다양한 국지적 현안들이 분단체제 극복이라는 큰 틀 안에서 서로 연결되어 상승효과를 발휘하는 새로운 상황을 예견하는 일이기도 하다. 그런 미래를 위한 단련과 준비가 진행된다면 이명박정부 5년은 설령 포용정책에 많은 손상을 주었더라도 결코 '잃어버린 5년'이 되지는 않을 것이다.

끝으로 한가지 덧붙인다면, 정부당국만이 아닌 민간이 능동적으로 참여하는 통일과정이야말로 '자유민주적 기본질서'를 전제한 평화적 통일이라는 헌법정신에 가장 부합한다는 것이다. 북측이 '자유민주적 기본질서'를 따르겠다고 미리 선언하도록 다그치는 것은 헛수고로 끝날 수밖에 없으려니와 실제로 '자유민주적'인 방식도 아니다. 시민들이 적극 참여하는 가운데 국가연합의 내용과 시기가 자연스럽게 결정되고, 그다음 단계가 '연방제'가 될지 첫 단계보다는 더 높은 연합이지만 여전히 연합제가 될지, 또 언제 어떻게 그것을 달성하고 그다음에 무엇을 할지 등등을 민간사회가 최대한으로 참여하는 가운데 당국이 국민적 요구에 부응하여 결정하도록 하는 것, 이것이야말로 자유로운 민주주의 기본질서의 요체가 아니겠는가. 또 그런 경로를 택하는 것이야말로 북측 민간사회의 참여를 넓혀가는 최선의 방법이 아니겠는가.

6

2010년의 시련을 딛고
상식과 교양의 회복을

2010년의 한국사회는 유달리 시련이 많았다는 느낌이 든다. 어쩌면 지난 11월 23일 연평도 포격사건 이후의 한달 남짓 동안 슬퍼하고 분노하며 불안해할 일이 넘쳐났기 때문에 그런지도 모른다.

연평도사건 자체로 말하면, 그 이유와 경위가 무엇이건 남쪽 땅에 대한 북측의 의도적인 포격은 충격과 분노를 안겨주었다. 게다가 남측의 초기 대응이 너무 어설픈 게 불안했고, 뒤늦게 '전면전 불사'를 외치며 위기를 키워가는 방식이 도리어 불안을 키우고 분노마저 자아냈다.

12월 8일에는 국회 한나라당 의원들이 안보위기를 틈타 예산안 등의 날치기 통과를 감행했다. 권력분립과 법치주의가 완전히 짓밟혔고 민주주의의 위기라는 말을 또 한번 실감할 수 있었다. 날치기는 4대강사업과 이른바 '친수구역법(親水區域法)'이라는 관련 악법의 추진이 가장 큰 동기였던 모양이다. 이로써 자연파괴는 물론 법치와 민주주의의 파괴도 가속화할 전망이다. 그런가 하면 정부가 자랑하는 신속한 경제회복은, 그 자체를 의문시하는 일부 전문가들의 견해를 차치하고도, 서민생계에 대한 위협과 일자리 부족을 개선하지 못했다. 아니, 변변한 일자리를 가진 층에서도 자녀 양육비와 사교육비 부담을 못 이겨 '출산 파업'이 지속되고 있는 실정이다.

남북관계에서는 이명박 대통령 스스로 11월 29일 담화에서 북한의 자발적 핵포기 가능성을 배제했으니 '비핵·개방·3000' 정책의 실질적 파탄을 자인한 셈이다. 이제 남은 것은 전쟁 아니면 상시적 위험 속에서 북한이 무너져주기만을 기다리는 일인가.

'천안함'이라는 전환점, 그리고 '연평도'와의 함수관계

연평도 공격의 배경에 남북간에 쌓여온 적대관계가 있다는 점은 누구나 인정한다. 이명박정부 출범 이후 긴장상태는 더러 기복을 거치면서도 지속되어왔다. 그런데 '긴장'을 '적대'로 확연히 바꿔놓은 것이 지난 3월의 천안함사건이었다. 따라서 오늘의 상황을 제대로 판단하기 위해서도 그 전환점으로 되돌아가 차분한 복기(復棋)를 해볼 필요가 있다. 올바른 대응은 정확한 상황인식으로만 가능하기 때문이다.

연평도사건 이후 북이 천안함 공격도 했으리라는 대중적 정서가 크게 늘어났다. 동시에 정부 발표에 의문을 제기하는 인사가 '친북좌파'로 몰릴 가능성도 한결 높아졌다. 그러나 천안함의 진실 자체가 대중의 정서나 정치논리로 결정되는 것은 아닐 테다. 그것은 어디까지나 사실의 영역이요 이성과 논리에 따라 식별할 문제이다.

천안함 침몰의 진상에 관해서는 불행히도 아직 과학과 이성의 검증을 거쳐 합의된 결론이 없다. 이른바 민군합동조사단 발표는 과학계의 검증을 통과하지 못했고, 다른 한편 외부의 과학자들은 자료에 대한 접근이 제약된 상태에서 독자적인 진상규명이 불가능했다. 따라서 '연평도'와 '천안함'의 함수관계도 아직은 정답풀이가 불가능하다. 다만 복수의 가설을 놓고 그에 따른 결론을 추정할 수 있을 뿐이다.

알기 쉽게 두개의 가설만 상정해보자. 가설 A: 설혹 합조단 발표가 헛점투성이라 해도 천안함이 북한의 공격으로 침몰한 것은 맞다. 가설 B: 진상의 전모가 무엇인지 몰라도 북한에 의한 천안함 공격은 없었다.

먼저, A일 경우 연평도사건은 무엇을 말해주는가. 첫째, 천안함을 격침한 북한군이 이번에 또 연평도를 포격했다면 이는 그야말로 참을 수 없는 도발행위다. 게다가 포격으로 해병 둘 죽이고 민가 몇채 불태우고서 그토록 의기양양해하는 자들이 신출귀몰하는 수법으로 천안함을 격침하고 46명의 해군을 수장시키는 혁혁한 전과를 올렸다고 자랑함직한 대목에서는 기어코 안했다고 잡아뗐으니, 이런 정권은 거의 정신이상 수준의 범죄집단이 아닐 수 없다.

또한 가설 A가 맞다면 우리 군의 대응도 단지 안이하고 무능한 것을 넘어 거의 범죄수준이 된다. 북의 공격으로 천안함을 잃고 수많은 인명이 희생되고 온 나라와 국제사회가 발칵 뒤집혔었는데, 연평도 공격계획을 8월에 감청(監聽)하고도 상투적인 헛소리겠거니 하며 무방비로 있다가 당했다면 세상에 이런 군대가 어디 있단 말인가. 국방장관 경질로 끝낼 일이 아니고 군 수뇌부의 대대적인 개편이 따라야 할 사태다.

반면에 가설 B를 따른다면 한국군의 대응이 얼마간 이해되는 바 없지 않다. 북이 천안함을 공격하지 않았다는 사실을 적어도 정부의 핵심관계자와 군 수뇌부는 알고 있었을 테니 8월 감청의 결과를 듣고도 상습적인 위협에 불과하다고 생각했을 수 있는 것이다. 물론 그렇더라도 중대한 판단착오임이 분명하고 사건발생 당시의 무기력한 대응에 대한 책임을 물어야겠지만, '이건 군대도 아니다'라는 오명을 쓸 정도는 아니다.

가설 B에 의하면 북측 정권에 대해서도 A의 경우와는 꽤나 다른 인식을 하게 된다. 남한 영토에 대한 포격이 정전협정과 남북기본합의서 위반이요 용인 못할 도발인 점은 여전하지만, 저들 나름의 치밀한 운산(運算)을 수행한 결과일 확률이 높아진다. 남북정상회담 이야기까지 나돌던 상황이 천안함 침몰을 계기로 일거에 적대관계로 바뀌면서 국제사회에서 범죄자로 낙인찍힐 위험에 처했고 각종 고강도 한미군사훈련이 지속되어온 끝에, 드디어 그들 나름의 계산된 승부수를 던진 형국인 것이다. 그 결과도 일방적인 손실만은 아닌 셈이다. 남한 국민의 인심을 잃은 것이 무엇보다 큰 손해지만, 그런 장기적 고려는 원래 북측 당국의 셈법에서 큰 비중을 갖지 않는다. 그것보다는 내부 결속을 강화하면서 서해지역을 확실한 분쟁지역으로 국제사회에 각인시키는 데 성공했고 대미교섭에서—남한군의 무력시위에 대한 대응 자제와 평양에 온 리처드슨(B. Richardson) 뉴멕시코주 지사와의 합의들도 겹쳐—새로운 계기를 만들었다는 점을 자축하고 있기 쉽다.

2011년, 상식과 교양의 회복을 시작하는 해로

앞의 두가지 추론 중 어느 것이 더 타당하다고 생각할지는 각자소신과 양식에 따라 판단할 문제다. 그러나 잊지 말 것은, 그것이 어디까지나 A와 B라는 양립불가능한 전제에서 각기 출발한 추리이며둘 중 어느 전제가 맞는지는 철두철미하게 사실 차원의 문제라는 점이다.

물론 세상사를 모두 과학에 맡길 수는 없다. 예컨대 진실규명 이후의 상황에 어떻게 대처할지는 과학만으로 결정할 수 없으며, 과학의 진실이 무시되는 상황을 어떻게 돌파할지도 자연과학 이상의 교양과 실력을 요한다. 그러나 과학의 영역을 넘어서 해야 할 일을 하되 과학의 영역에 속하는 사안에서 과학의 권위를 인정하는 것이야말로 인문적 교양이요 자기 삶의 주인이 되고자 하는 민주시민이 갖춰야 할 요건이다.

아무튼 천안함 침몰의 원인이 어뢰공격이었느냐 좌초였느냐 기뢰폭발이었느냐 또는 좌초 후의 또 어떤 사건이었느냐 하는 물음 자체는 오로지 물리학·화학 등 자연과학으로 규명할 일이다. 거기에는 좌도 우도, 진보도 보수도 있을 수 없는 것이다. 그런데도 이 문제가 정치논리와 사상공방에 휘둘린 것은 2010년 한국이 겪은 뼈저린 좌절의 하나였으며, 정부나 국회, 언론계뿐 아니라 우리 지식계 전반에 걸쳐 교양의 얄팍함을 드러낸 사건이었다.

그러나 동시에 2010년의 한국사회가 무교양·몰상식으로 일관하지는 않았다. 신상의 불이익을 감수하며 진실규명에 용감하게 나선 개인들의 헌신이 있었고 이들에 호응한 수많은 누리꾼들과 익명의 과학자들이 있었다. 무엇보다 6·2지방선거에서 이 땅의 평범한 시민들은 의도적으로 조장된 '북풍'을 잠재우고 이명박정부에 엄중한 경고를 보냈던 것이다.

그런데 정작 어려운 일은 천안함의 진실이 밝혀졌을 때가 아닐까. 가설 A와 B 중 어느 쪽이 진실이라도 우리가 흔히 생각하는 것보다 사태는 훨씬 심각하다. A가 맞더라도 전쟁은 안된다는 명제는 여전히 유효하지만, 범죄적일뿐더러 예측불능인 북한정권이 핵무기마저 보유한 이 위험천만한 사태를 어떻게 관리할지가 난감하기 그지없다. 반대로 B의 경우처럼 북한의 공격이 없었는데 우리 정부 스스로 그런 엄청난 왜곡과 조작마저 저질렀다면 이 또한 너무도 심란하고 위험천만한 일이다. 사태를 호도하기 위한 또다른 무리수도 배제할 수 없으려니와, 우리 손으로 뽑은 정부가 너무 빨리 너무 심한 권력누수 현상에 빠지는 것도 결코 바람직한 일은 아니다. 일반시민들의 건전한 상식과 보수·진보의 낡은 틀을 넘은 각계의 합리적 역량이 결합함으로써 위기국면을 수습하고 새로운 도약을 이룩해야 할 대목이다.

1987년 이래의 한국사회는 선거를 통한 권력교체의 공간이 열려 있는 사회이니만큼 2012년의 총선 및 대선과 연계해서 생각하지 않는 '새로운 도약'은 현실성이 부족하다. 그러나 2011년에 각계각층에서 상식과 교양의 회복을 시작하고 국정체계 개편을 준비함이 없이는 2012년에도 큰 성과를 기대하기 어려울 것이다. 무엇보다 연합정치의 소중함에 대한 지방선거의 교훈을 달라진 여건에 맞게 살리는 지혜가 필요하며, 여기에는 그동안 선거와 무관하게 우리 사회 곳곳에서 무르익어온 새로운 기운이 응당 반영돼야 한다. 4대강사업에 저항하는 종교계와 시민사회의 분발만 해도 아직 정부 방침을 변경시키는 데는 성공하지 못했지만 우리 사회의 체질을 바꿔놓고 있으며, 바닥 민중의 생존권을 위한 싸움이 기륭전자 노동자나 KTX 여승무원들의 소중한 승리를 기록한 것도 그 외형적 규모로만 따질 일은 아니다.

그리고 보면 2010년은 좌절도 많았지만 성취 또한 만만찮은 한해였다. 나 자신은 새해에 우리가 그 좌절과 성취를 딛고 어느 해 못지않은 진전을 이룩하리라는 꿈에 부풀어 있다.

7

한국 민주주의와 한반도의 분단체제

1. 여는 말

반갑습니다. 성공회대는 민주대학으로서의 자부심이 강한 대학으로 알고 있습니다. 그런 대학에 와서 민주주의에 관한 얘기를 하게 돼서 무척 기쁘게 생각합니다. 오늘의 제목은 '한국 민주주의와 한반도의 분단체제'입니다. 강연의 열쇳말이랄까 키워드라고 하면 제목에 나오는 '민주주의'와 '분단체제' 외에 '2013년체제'를 들 수 있을 것 같습니다. 방금 사회자 이남주 교수께서도 간략히 언급하셨지만 2013년체제를 말하는 취지는, 2013년이 되면 어차피 현 대통령의 임기가 끝나고 새 대통령이 취임하는데 그것이 단순한 새 정부의 출범이나 정권의 교체가 아닌 시대의 전환, 말하자면 1987년에 6월항쟁으로 한국사회가 한번 크게 바뀌어서 87년체제라고 부름직한 것이 성립했는데 이번에는 2013년체제라고 불러도 손색이 없을 만한 일대 전환을 이룩하자는 것입니다. 이런 문제의식을 글로 제시한 것이 여기 자료로도 배포되어 있는 「'2013년체제'를 준비하자」(본서 제1장)입니다. 지난 여름호 『실천문학』에 발표했는데 다행히 여기저기서 호응이 있어 지금 이 용어 자체는 꽤 널리 퍼진 상황입니다. 오늘 제가 '한국 민주주의와 한반도의 분단체제'를 이야기할 때의 문제의식도 2013년체제론의 연장선상에 있다는 말씀을 드립니다.

2. 여전히 민주주의가 문제다

제2절의 제목을 '여전히 민주주의가 문제다'라고 했는데요, 몇년 전만 해도 이렇게 말하면 낡은 '민주 대 반민주'의 구도를 또 들먹이느냐고 반발하는 사람들이 적지 않았습니다. '민주 대 반민주' 구도에 대해서는 뒤에 다시 설명하겠습니다만, 이명박정부 4년을 거치면서 그 점이 많이 바뀐 것 같아요. 왜냐하면 그동안에 누구나 실감하는 것이, 1987년 이래로 그런대로 진전해온 한국 민주주의가 도처에서 심각한 위협에 처하고 더러는 87년 이전으로 되돌아가는 퇴행현상이 목격되었기 때문입니다. 실제로 민주주의는 남북관계라는 또 하나의 분야와 함께 이명박정부 아래서 가장 두드러지게 역주행이 이루어진 대목이라고 할 수 있습니다. 남북관계가 순탄했던 적은 없지만 그래도 김대중정부가 이룩한 획기적 성과에 이어 노무현

정부 말에 제2차 남북정상회담이 성사돼서 여러가지 구체적인 합의가 되고 최근에 문제가 된 서해에 특별평화지대를 설치한다는 합의까지 이루어지는 등 많은 진전이 있었습니다. 그런데 그후에 완전히 스톱한 정도가 아니라 실제로 충돌이 일어나서 연평도에 포탄이 날아오는 사태까지 벌어졌지요. 남북교류가 완전히 중단됐다가 요즘 찔끔찔끔 다시 되고 있습니다만, 아무튼 남북관계는 굉장히 퇴행했습니다.

인권이나 민주주의적인 권리, 국정의 민주적이고 정상적인 운행, 3권분립 등 여러 면에서도 남북관계 못지않게 심각한 퇴행현상이 벌어졌습니다. 분명한 역주행입니다. 그런데 폭주족을 보면 반드시 역주행을 하는 건 아니에요. 어떤 사람은 거꾸로는 안 가면서 그냥 난폭운전을 하고 어떤 사람은 아예 남들과 반대방향으로 차를 몰기도 하지요. 이명박정부가 한 일 중에서 가령 4대강사업은 폭주인 건 분명하지만, 그전에 참여정부가 환경문제를 잘 챙겼는데 이명박정부에서 갑자기 거꾸로 갔다고 할 수는 없으니까 그건 그냥 '폭주'라 하는 게 정확하고 '역주행'이라고 말하기는 좀 그렇지요. 최근에 한미FTA 비준동의안을 국회에서 날치기로 통과시켜서 국민들의 반대운동이 들끓었는데 이것도 역주행이라고 말하기는 어렵습니다. 노무현 대통령이 시작한 걸 이명박 대통령이 마무리지은 것이니까요. 물론 내용을 더 개악해서 마무리했고, 그 과정을 볼 때 확실히 국민의 뜻을 무시하고 폭주한 건 사실이지만, 역주행이라고 말하긴 어렵겠지요. 그러나 다른 것도 아니고 외국과의 조약을 직권상정해서 날치기로 통과시킨 것은 확실히 노무현정권이라면 안했을 일이니까 역주행이랄 수도 있는데, 그렇다면 민주주의에 대한 역주행의 또 한가지 예가 되겠습니다.

그러나 이명박정부 아래서 이런 역주행이 있기 전에도 우리 사회에서 민주주의는 핵심문제였다고 생각합니다. 최장집 교수가 낸 『민주화 이후의 민주주의』라는 책이 있는데, 1987년의 민주화 이후에도 민주주의가 계속 문제가 되고 있다는 뜻을 그 제목이 잘 담은 것 같아요. 다만 제목에 충실한 분석이나 민주주의에 대한 연구가 이루어졌는가 하면 별로 그러지는 않았던 것 같습니다. 나는 정치학자도 아니고 비전문가라서 잘은 모르지만, 이 문구대로 한다면 '민주화'라는 건 1987년 6월항쟁으로 한국사회가 성취한 민주화인데 그 민주화가 정확히 어떤 성격이었고 어느 정도까지 가는 민주화였느냐 하는 것을 규명하면서 이후의 민주주의는 어떻게 진전되어왔고 무엇이 문제인가를 섬세하게 밝혔어야 하겠지요. 그런데 최장집 교수를 비롯해서 많은 논자들이 그보다는 우리나라가 민주화는 됐는데 민주화되고 나니까 사회가 더 나쁘게 됐다든가―이 표현은 최장집 교수 책에 나오는 표현입니다[1]―민주정부라고 들어섰는데 비민주정부보다 나을 게 없다든가, 그런 식으로 민주정부의 실패를 공격하는 데 치중했습니다. 그런 분들이 한편에 있는가 하면,

---

1) "나는 민주화 이후 한국사회가 질적으로 나빠졌다고 본다."(『민주화 이후의 민주주의』, 후마니타스 2005, 9면) 물론 "한국 민주주의는 기존의 냉전 반공주의의 헤게모니와 보수독점의 정치 구조에 그저 얹혀 있는 외피에 불과한 것이 되고 말았다"(같은 책 19면)는 말이 2005년 당시에도 아주 틀린 이야기는 아니었다. 하지만 민주화의 지난한 과정이 그래도 진행되고 있던 상황을 이런 식으로 재단한다면 2010년 또는 2011년의 상황과의 변별점을 어디서 찾을 것인가.

다른 한편에서는 87년에 우리나라가 변화했다고 하지만 기본적으로 자본주의체제에 대한 변혁은 아니었고 세월이 지나면서 1997년 IMF 구제금융을 계기로 완전히 '신자유주의시대'로 들어섰기 때문에 87년 민주화 자체를 대수롭지 않게 여기는 논자들도 있었습니다.

이들 논자가 각기 다른 입장인 것 같지만, 2007년 대통령선거에서 한나라당의 승리가 유력시되는 것을 민주주의에 대한 심각한 위협으로 받아들이지 않은 것은 양쪽의 공통점이었어요. 오늘 사회를 보시는 이남주 교수는 소위 진보적 학자들 중에 예외였지만요. 선거를 바로 눈앞에 두고 『창비주간논평』에 민주주의에 대한 위협을 지적하는 글을 쓰셨는데,[2] 아마 그러고서 욕 좀 먹었을 거예요.(웃음) 지금 무슨 '민주 대 반민주'의 낡은 얘기를 하느냐, 한나라당이 집권하면 마치 한국 민주주의가 망할 것처럼 국민을 겁주는 야당 전략에 편승하는 거 아니냐는 등의 비판을 많이 받았는데, 지나고 보면 그때 우리가 겁을 좀 먹었어야 옳지요. 그런데 한나라당은 말할 것도 없고 소위 진보적이라고 하는 분들의 논리가 참여정부가 실패했으니까 보수정권으로 정권교체되는 게 당연한 거 아니냐, 그게 민주주의 아니냐 하는 식이었어요. 더 급진적인 분들은 이제까지 사이비 진보정권이, 말하자면 노무현정권 같은 신자유주의 정권이 진보를 운운하면서 우리를 헷갈리게 만들었는데 한나라당이 들어서면 보수와 진보의 구별이 명확해져서 제대로 된 진보를 할 기회가 올 거라는 기대를 보이기도 했습니다. 87년 민주항쟁 때도 박종철군 등의

---

2) 이남주 「민주주의에 대한 위협은 이미 시작되었다」, 『창비주간논평』 2007.12. 11, http://weekly.changbi.com/138.

희생이 있었지만 거슬러올라가면 4·19때 많은 학생들이 희생됐고 5·18에서 광주시민들이 많이 죽었고 그에 앞서 부마항쟁도 있었고, 이런 피땀어린 과정을 통해서 쟁취한 소중한 성취가 우리의 민주주의라는 인식, 동시에 이게 얼마든지 역전될 수 있는 위태위태한 자산이라는 인식이 미흡했던 것 같습니다. 이런 미흡한 인식을 바로잡아주었다는 점에서는 우리 모두 이명박 대통령에게 감사드려야 할 것 같아요.(웃음)

이명박시대에 들어서 민주화의 역주행이 이루어졌다고 말했는데, 실제로 이런 역주행을 수행하는 주요 주체들을 보면 그들은 내내 반민주세력으로 사회의 중요한 고지를 차지하고 있었습니다. 일부 뉴라이트세력을 빼면 전부 옛날부터 유구한 전통을 가진 반민주세력들이고 굳이 '역주행'이랄 것 없이 자기들의 방향대로 움직여왔어요.

대표적인 예가 검찰이죠. 노무현 대통령이 검찰개혁 한다고 했지만 전혀 개혁을 못했고 오히려 놓아먹여서 그 권력만 키워줬습니다. 우리가 흔히 검찰을 '정권의 개'라고 욕하지만 저는 이명박시대의 검찰은 결코 정권의 개가 아니라고 봅니다. 개별 검사 차원에서는 권력의 주구(走狗)가 되기도 하겠지만 검찰조직 자체는 정권에 지분을 가진 파트너지요. 그렇기 때문에 자기들이 알아서 더 열심히 설치기도 하고 잘못해도 벌을 안 받아요. 옛날 독재정권 시절에는 검찰이 개 노릇을 잘못해서 정치적 사건에서 무죄판결이 난다든가 하면 담당검사는 좌천 같은 문책을 당했습니다. 지금은 파트너가 하는 일이기 때문에 무죄판결 났다고 정부가 마음대로 좌천도 못 시킵니다. 이렇게까지 검찰이 커지고 막강해진 건 이 정권 아래서지만 그 체질은 사실 87년 이전부터 죽 계속되어온 것이라고 볼 수 있습니다.

검찰, 경찰, 국정원 등 공안기구가 대표적이고요.[3] 전·현직 고위 장성들도 대부분 그 체질을 그대로 유지해왔습니다. 물론 김영삼정권에서 하나회 같은 정치군인들의 써클을 해체한 것은 군개혁의 중요한 업적이었고 그 덕에 87년체제의 민주화가 야당으로의 정권교체로까지 진전할 수 있었습니다. 그러나 전체적으로 볼 때 군부는 그대로고, 특히 천안함사건 이후 조사과정에서 국방부가 모든 정보를 독점하면서 멋대로 말을 바꾸고 자기들이 부실한 부분이 있었음에도 거기에 대해 뭐라고 하면 고발하고 탄압하는 것을 볼 때, 남쪽에서 이북처럼 '선군정치'까지 안 갔는지 몰라도 국방당국의 수구적인 행태가 여전하다는 것을 실감했지요. 하긴 이것도 김영삼정권 때보다 오히려 후퇴한 '역주행' 현상의 일부랄 수 있겠습니다.

또 흔히 조·중·동이라고 말합니다만 거대언론들도 딱히 역주행이랄 것 없이 수구적 행태를 지속해왔습니다. 그리고 지금은 한나라당을 쇄신한다느니 해체하니 마니 하는데, 선거가 닥쳐서 다급해서 저러는 거지, 물론 한나라당 안에 좋은 사람도 있습니다만, 개혁적이고 합리적 보수라는 이들도 그동안 내내 수구세력의 헤게모니 아

---

3) 그러나 이들처럼 국민들을 상대로 직접 강권을 행사하는 기구보다 덜 표가 나지만 훨씬 꾸준하게 국민의 권익보다 특권층과 자신들의 이익을 챙기는 대한민국 관료조직 전반의 보수성과 조직이기주의가 더 문제라는 지적을 어느 사석에서 들었고 진지하게 검토해볼 문제라고 공감했다.

래 행동해왔고 날치기하라면 날치기하고 몸싸움하라면 몸싸움하면서 지내왔지요. 그 한나라당의 주도세력도 갑자기 역주행의 주자로 나타난 게 아니고 예전부터 자기들 나름대로 꾸준히 반민주적인 체질을 갖고 행동해왔던 것입니다. 이들 반민주세력을 87년체제 이전 군사독재체제의 '잔재'라고 표현하기엔 너무 막강합니다. 그래서 저는 한국사회의 이런 수구세력은 남한에서만의 시민혁명으로는 결코 청산할 수 없고 실제로 하지도 못한, 한반도의 분단구조에 굳건히 뿌리박은 세력이라고 인식합니다. 그렇기 때문에 87년 이후의 민주화에도 불구하고 여전히 민주주의가 문제로 남았던 것입니다.

3. 분단체제의 반민주성

한반도 분단구조 얘기를 하다보니까 분단체제론이라는 것이 개입할 수밖에 없는 지점에 왔습니다.

분단체제란 말을 요즘은 많이들 씁니다. 그런데 아직도, 우리가 분단현실 속에 산다는 걸 좀 멋있게 표현하기 위해서 '체제'란 말을 붙이는 거지 엄밀한 개념으로 사용하는 경우는 드문 것 같아요. 저 자신은 분단체제를 하나의 개념으로 정의해서 쓸 필요를 느끼고 그러고자 노력해왔습니다. 그럴 때 체제라는 게 뭘 뜻하느냐 하는 걸 따질 필요가 있습니다. 영어에서는 체제라는 말을 system이라고도 하고 regime이라고도 하는데, 대체로 system이라고 하면 regime보다 체계성이 높고, 그에 반해 system이라고 하기에는 한결 느슨한 것을

regime이라고 말합니다.[4] 아무튼 체제라 하더라도 각기 차원이 다르고 완결성에 차이가 나는 체제들이 있다는 얘기를 글로써도 설명했고[5] 이제 와서 그게 엄밀한 의미의 사회체제냐 아니냐 하는 논란을 벌일 필요는 없다고 봅니다. 초기에는 사회과학 하시는 분들이 그걸 가지고 저를 많이 애먹였어요. 또 제가 사회과학자로서의 자격증이 없기 때문에 상당히 시달렸는데 요즘은 비교적 잠잠해진 것 같습니다. 얼마나 엄밀한 체제냐가 중요한 것이 아니고 분단현실을 얼마나 정확하게 파악하고 남북분단의 본질을 무엇으로 보느냐 하는 것이 중요한 문제입니다.

흔히 한반도의 분단을 대한민국과 조선민주주의인민공화국이라는 두 국가의 대립으로 보기도 하고, 공산주의와 자본주의의 이념대립으로 보기도 하고, 북한사람들과 남한사람들의 대립과 분열로 보기도 하는데, 물론 남북분단에는 그런 요소들이 다 섞여 있습니다. 하지만 그러한 면을 더 중시하느냐, 아니면 남과 북이 서로 다른 사회를 만들어서 대립하고 있지만 사실 남과 북의 기득권세력은 다같

---

4) 가령 냉전체제라고 하면 Cold War regime이라고 하지 Cold War system이라고는 하지 않는다. 그런데 나의 경우에는 '분단체제'를 영어로 번역하면서 division system이라고 했는데(Paik Nak-chung, *The Division System in Crisis: Essays on Contemporary Korea*, University of California Press 2011), 더 엄밀히 따지면 분단체제는 완결적인 system이라기보다는 regime에 가깝다. 다만 regime이 영어로 정권이라는 뜻이 있기 때문에 division regime이라고 하면 '분단정권'과 혼동될 수 있어서 system이라는 용어를 쓴 것이다. 좀 늘어지더라도 the regime of division이라고 하면 한층 정확한 번역일 수도 있겠다.
5) 예컨대 『흔들리는 분단체제』 제1장 「분단체제극복운동의 일상화를 위해」 중 '세가지 다른 차원의 "체제"' 19~22면.

이 분단을 유지함으로써 이득을 보기 때문에 자기들이 입으로 뭐라 그러고 머리로 뭐라고 생각할지 몰라도 현실적으로는 공생관계에 있다는 사실을 더 중시하느냐는 것입니다. 그런 의미에서 남과 북의 기득권세력이 한편에 있고 그 기득권세력이 유지하는 분단구조에서 손해를 보는 대다수 남쪽의 국민과 북쪽의 인민 들이 다른 한편에 있는, 이런 이해관계의 상충이 더 기본적인 사회구조, 엄밀한 씨스템은 아니더라도 체제 비슷한 것이 작동하고 있지 않느냐, 이게 분단체제론의 문제제기예요. 국가나 이념 위주가 아니라 민중 위주로 분단현실을 파악하자는 발상이지요.

이 분단체제가 그 자체로 완전한 체제는 아니고 세계체제 속의 한 부분이라는 점도 중요합니다. 세계체제가 정치적으로는 개별 국가를 매개로 작용하는데, 한반도의 남한과 북한의 경우에는 그것에 더해서 한반도 전역에 걸친 분단체제의 매개작용을 겪으면서 세계체제와의 관계가 작동한다는 사실을 인식하자는 것입니다. 아무튼 한국사회를 분석하면서 이 분단체제라는 독특한 현실의 존재를 빼놓는다면 피상적인 관찰을 피하기 어렵다는 것이 제 주장입니다.

그런데 많은 학자들, 진보적인 학자들의 경우 분단체제에 대한 인식이 미흡한 건 말할 것도 없고, 어떤 때 보면 한국사회가 분단국가라는 사실마저 잊고 있는 것 같아요. 분단 안된 외국의 모델을 기준으로 한국이 진보했느냐 낙후됐느냐는 식으로 따지기 일쑤인데 전 그걸 좀 비아냥대서 '후천성 분단인식결핍 증후군'이라고 이름을 붙여봤습니다. 그런데 분단체제 속에서 살다보니까 거기 길들여져서 역사적으로 만들어진 분단체제가 마치 나의 자연환경인 것처럼 생각하고 우리가 그 속에 살고 있다는 것을 잊어버립니다. 그러면서 이런저런 처방을 내놓으니까 그 처방이 맞을 리가 없지요. 여기서 분단체제에 대해 이론적으로 더 길게 설명할 계제는 아니고, 분단시대의 역사를 간략히 정리해보면 개념이 더 명확해질 수 있을 것 같습니다.

한반도가 분단된 건 1945년이지요. 해방되면서 38선을 경계로 남북이 갈라졌습니다. 그런데 분단체제라고 하면 단순히 국토가 갈라졌다는 게 아니고 갈라진 남북이 묘한 공생관계를 가지면서 스스로 재생산하는 힘을 지닌 체제 비슷한 것이 만들어졌다는 뜻이니까, 그렇게 보면 45년부터 53년까지는 아직 분단체제가 형성되지는 않았다고 할 수 있습니다. 그때까지만 해도 많은 사람들이 분단은 일시적인 것이라고 생각했고 실제로 매우 유동적이어서, 남과 북이 모두 무력으로라도 돌파하려고 했죠. 1950년에 대규모 전쟁을 일으킨 것은 북쪽입니다만, 이승만 대통령도 북진통일을 주장했어요. 그러다가 전쟁이 터져서 한때는 북한이 남한을 거의 다 점령했다가 다시 국군과 유엔군이 반격해서 북한을 거의 전부 점령하는 등 엎치락뒤치락한 끝에 1953년에 38선 대신에 휴전선이 그어졌습니다. 38선과 큰 차이가 없는 분단선이 다시 확정된 것이지요.

휴전은 싸우던 것을 잠시 멈추고 평화협정을 맺기까지의 중간 수순인데, 이게 53년부터 지금 거의 60년이 되어갑니다. 2013년체제 아래서 우리가 돌파하지 못하면 환갑을 맞을 상황에 왔습니다. 아무튼 1953년 정전협정 이후에 전쟁도 아니고 평화도 아닌 이 상태가 60년 가까이 지속되면서 어느덧 하나의 움직이기 힘든 현실로, 끊임

없이 자기를 재생산하는 현실로 굳어진 것을 저는 분단체제라고 부르는 겁니다. 앞서 분단체제가 하나의 개념이지 '분단'을 그럴싸하게 수식하는 말이 아니라고 말씀드렸는데, 분단은 1945년에 시작했지만 분단체제는 1953년에야 시작되고 45년부터 53년까지는 분단체제의 전사(前史)에 해당한다고 이해하는 것도 그러한 개념화 노력의 일환이 되겠지요.

그런데 왜 이렇게 체제로 굳어졌는가. 어떤 사회현실이 체제로 성립하려면 그것을 유지해주는 동력이 내부에도 있어야지요. 외국의 압력만으로는 일시적 지배가 될 수 있을지 몰라도 자생적인 체제는 못 되기 때문이죠. 물론 한반도가 처음 분단될 때는 외부의 힘이 압도적으로 작용했습니다. 동서냉전 기간에 북은 사회주의진영에 가담하고 남은 자본주의진영에 가담하는 바람에 분단체제가 밖으로부터 굉장히 힘을 받기도 했지요. 그러나 그것만은 아니고, 우리가 모두 통일을 원했지만 통일을 하려고 전쟁을 벌이다보니까 통일은 못하고 수백만이 죽고 다쳤잖아요. 끔찍한 참화를 겪었습니다. 그래서 통일을 물론 바라지만 전쟁이 또 나는 것보다는 차라리 이렇게 갈라져 사는 게 낫다는 생각이 국민들 마음속에 자리잡게 되었지요. 그러므로 부정적인 힘이지만 그런 의미에서 분단체제를 뒷받침하는 내부적인 요인이 됐던 겁니다.

또 하나는 전쟁과 분단을 겪으면서 남쪽과 북쪽 모두에 독재권력이 확고해졌습니다. 독재정권이라는 건 본질상 국민의 동의를 얻어서 지배하는 체제가 아니기 때문에 강력한 것 같으면서도 불안한 체제입니다. 그런데 남북대결이 격화될수록 독재하기가 편해지잖아요. 그래서 남과 북의 독재정권이 서로 싸우고 대립하면서도 서로 싸움으로써 상대를 도와주는 식으로 분단체제를 굳혀왔습니다.

그러다가 1987년에 남쪽에서 민주항쟁이 벌어져 이쪽의 군사독재가 무너졌지요. 분단체제를 지탱하던 몇개의 중요한 기둥 중에 하나가 무너진 겁니다. 또 그 무렵에 동서냉전이 종식됐어요. 분단체제를 지탱하던 외부적 요인 중에 큰 것이 하나 없어진 겁니다. 그래서 53년에 성립된 분단체제가 61년 박정희 쿠데타 이후 군사독재 아래 견고해졌다가 87년 이후에 흔들리기 시작했다고 저는 파악합니다. 그래서 '흔들리는 분단체제'라는 제목의 책을 쓰기도 했는데, 흔들어놓긴 했지만 거기서 더 나아가려면 정전협정을 평화협정으로 바꾸고 평화체제(peace regime)를 향한 그밖의 여러가지 조치가 취해져야 되지요. 87년체제 아래 부분적으로는 그런 방향으로의 변화가 이루어졌어요. 1991년에 남북기본합의서가 채택되었고, 2000년에는 6·15남북공동선언이 발표되면서 남북의 화해와 교류가 본격화되었고, 2007년에 10·4선언이 나오고…… 그랬지만 평화체제로는 가지 못한 채 이명박정권을 맞이하게 되었지요.

그래서 87년체제가 우리 국민들의 민주항쟁의 결과로 탄생했고 많은 좋은 일을 해냈고 창조적인 동력을 가지고는 있었지만, 크게 볼 때 1953년체제라고도 할 분단체제를 허물지는 못했다는 것입니다. 그전의 독재정권과 마찬가지로 53년체제라는 토대 위에 건설됐기 때문에 민주화나 민주주의에서 근본적인 한계를 가질 수밖에 없었다고 하겠습니다. 그러다보니 반민주적 수구세력이 계속 위세를 떨쳐왔고 국가나 사회의 유리한 고지들을 오늘날까지도 점령하고 있다고 앞서 말씀드렸는데, 이걸 좀 다른 각도에서 부연해보면 우리 헌법이 처한 변칙적 상황 자체가 반민주세력을 지속적으로 생산하고 있다는 시각이 가능합니다.

다시 말해 대한민국의 헌법은 민주공화국 헌법이지만 분단 때문에 이 헌법이 제대로 실행되기 어렵게 되어 있다는 것입니다. 물론 어느 나라건 헌법의 좋은 조항들이 100퍼센트 잘 이행되는 나라는 없을 거예요. 그렇다고는 해도 가령 대한민국 헌법 제3조가 "대한민국의 영토는 한반도와 그 부속도서로 한다"고 돼 있는데 이런 기본적인 조항마저 이행이 안되는 경우는 확실히 유별나지요. 헌법에 영토라고 규정되어 있는 것의 절반에 대해서밖에 주권을 행사하지 못하는 국가는 굉장히 불안한 국가이고 어떻게 보면 결손상태의 국가입니다.[6] 국가가 불안하면 자연히 그런 불안을 덜기 위해서 여러가

6) 그런 의미로 나는 한국이 '결손국가'라고 주장했지만 동시에 이는 그 국가의 내용이 이러저러해서 나쁘다는 가치판단이 아니라 객관적인 사실관계를 지목하는 용어임을 강조한 바 있다. "분단국가가 결손국가라고 할 때는 그런 차원의 가치판단과 다릅니다. 오히려 누구나 동의할 수 있는 사실관계를 말하는 거예요. 쉽게 말해서 대한민국 헌법 제3조가 (규정한) 한반도와 그 부속도서 전체에 대해서 주권을 행사한 적이 지금까지 단 한번도 없어요. 그리고 행사하고 있는 지역과 행사하고 있지 않는 지역의 경계선이 국제적으로 공인되거나 당사자간에 인정된 국경선이 아닙니다. 그러면 영토의 경계선이 모호하고, 자기 헌법에 명시한 영토의 절반에 대해 제대로 주권을 행사하지 않는 나라가 결손국가가 아니고 무엇이냐고 말할 수 있죠./그런데 결손가정이라고 해서 가정이 아닌 것이 아니에요. 경우에 따라서는 '정상적인' 가정보다 훨씬 훌륭한 가정일 수도 있습니다. 저는 대한민국도 그런 면이 없지 않은데, 결손가정이 결손가정이기 때문에 어떤 면에선 더 발전하고 더 훌륭해질 수 있듯이, 그러니까 가령 부모 중에 하나가 없거나 아예 소년가장이 챙기는 가정이기 때문에 식구들이 더 열심히 일하고 더 잘할 가능성이 있듯이, 대한민국이 이룬 성취 중에 사실 경제발전 같은 것도 초

지 특별한 조치를 취해야 된다는 논리가 성립하고 그러다보면 공안 국가, 영어로는 national security state라고 하는데 다시 말해 국가보 안법 =National Security Law로 상징되는 공안국가가 생기게 마련이 죠. 그래서 한편으로는 민주화를 하고 민주국가를 표방하지만 항상 그 내부에 공안국가로 치달을 경향성을 온존하고 있다고 봐야 될 것 같아요.

그 단적인 표현이 국가보안법이에요. 좀전에 헌법 제3조를 말했 습니다만 그보다 더 기본적인 제1조는 1항이 "대한민국은 민주공화 국이다", 2항은 "대한민국의 주권은 국민에게 있고 모든 권력은 국 민으로부터 나온다" 이렇게 되어 있습니다. 그러나 저는 사실 국가 보안법이라는 법률이 어떤 의미에서는 이런 제1조를 제한하는 이면 (裏面)헌법에 해당한다고 봐요. 우리가 계약을 할 때 표면적으로 계 약서를 잘 써놓고도 뒤에서 이면계약을 하는 수가 있잖아요. 대한민 국 헌법 제1조의 1항과 2항이 있지만, 그 뒷면을 들춰보면 제3항의 단서가 있지 않나 하는 거죠. 다시 말해서 모든 권력은 국민으로부 터 나온다고 해놓고 숨겨진 3항에는 "단, 국가보안법 위반의 혐의가 있는 국민의 주권은 공안당국의 판단에 맡긴다"라고 되어 있는 꼴 이에요.

기 공업화는 남북대결상태였기 때문에 더 용이했던 면이 있다고 봐요./다만 앞 으로도 남북대결을 유지하면서 발전을 계속할 수 있느냐 아니면 이제는 다른 패 러다임을 찾을 시기가 왔느냐 하는 것은 따로 논의해볼 일입니다."(백낙청·안병 직 특별대담 「한반도의 미래에 대한 국민통합적 인식은 가능한가」, 『시대정신』 2010년 봄호, 279~80면)

국가보안법을 하나의 단적인 예로 들었습니다만 민주적인 헌법을 갖고도 민주주의가 온전히 시행될 수가 없는 상태이고 그런 현실의 뿌리가 분단에 있다는 겁니다. 국가보안법은 북한을 반국가단체로 규정하고 반국가행위를 규제하는 법률인데, 제가 국가보안법이 일종의 이면헌법이라고 말할 때는 국가보안법에서 간첩이나 반란 수괴 등을 사형에 처할 수 있다는 무시무시한 조항을 지목하는 건 아니에요. 사실 형법에도 비슷한 조항들이 있거든요. 내란이나 간첩 죄에 대해서는 극형까지 할 수 있게 되어 있습니다. 제가 보기에 국가보안법의 핵심은 딴 데 있습니다. 국보법이 단순히 악법의 하나가 아니라 '이면헌법'으로까지 되는 이유는, 최고형량이 7년밖에 안되어서 별거 아닌 것처럼 보일 수도 있는 제7조 같은 것 때문이지요. 제7조는 '찬양·고무 등'의 조항인데 북의 주장에 '동조'하거나 북을 '찬양·고무'하면 7년 이하의 징역에 처하게 되어 있습니다. 또 제8조는 '회합·통신 등' 조항으로 북쪽 사람을 만나기만 해도 처벌이 가능하고, 제10조에는 불고지죄라는 것도 있는데 누가 국가보안법 위반한 걸 알고도 고발을 안하면 처벌받게 되어 있습니다. 이게 91년 와서는 좀 개선돼서 친족관계인 경우는 형이 감경 또는 면제됩니다.

어쨌든 이런 상대적으로 가벼운 조항들이 더 문제라는 거예요. 어떤 사람을 사형시킬 수 있는 죄로 근거없이 잡아넣으려면 검찰이나 정보기관도 부담을 느끼겠죠. 그러나 찬양·고무·동조 같은 애매모호한 조항으로 걸면 길어봤자 7년 징역이니까 쉽게 잡아넣을 수 있고, 형량이 높지 않은 죄니까 적당한 선에서 풀어줄 수도 있는 겁니다. 공안기관이 부담없이 아무나 잡아들였다가 마음에 들면, 또 때로는 댓가를 받을 수 있으면 부담없이 풀어줄 수 있는, 그들에게 편리하기 이를 데 없는 장치지요. 그러니까 민주공화국의 원칙에 따른 법치가 성립이 안되는 겁니다. 그런 의미에서 국가보안법이 일종의 이면헌법이라고 보고, 그중에서도 제7조가 국가보안법의 꽃이라고 제가 말한 적이 있습니다. 이 꽃송이를 잘라버리면 공안기관의 밥그릇이 갑자기 확 줄어버리기 때문에 그 사람들이 나머지 국가보안법을 지키기 위해서 지금처럼 머리를 싸매고 나서지 않을 것이라고 본 거지요.[7] 그래서 저는 국가보안법 개폐논의가 한창이던 2004년에, 물론 원칙적으로 국가보안법 폐지에 찬성했지만 보안법의 '꽃'에 해당하는 조항들을 제거하는 개정이라도 먼저 하자는 입장이었어요. 그런데 노무현 대통령이 직접 나서서 국가보안법을 박물관으로 보내야 한다고 외쳐댔지요. 그러고는 폐기는커녕 독소조항을 없애지도 못했습니다. 결국 분단체제가 무엇인지 잘 모르는 사람들의 큰소리로 끝나고 만 거예요. 아무튼 분단체제로 인해서 87년체제의 한국 민주주의가 엄연한 한계 속에 머무는 예를 단적으로 보여준 것입니다.

분단체제를 말하면 흔히 나오는 얘기가, 그럼 우리가 안고 있는 모든 문제가 분단 때문이냐, 통일만 되면 모든 문제가 다 해결되느냐, 모든 것을 분단으로 환원하는 분단환원주의가 아니냐는 식의 비

---

7) 그러한 "조항이야말로 권력자에게는 국가보안법만이 안겨주는 달콤한 매력이요 말하자면 국가보안법의 꽃이다. 이것만 사라져도 국보법을 고수하려는 집념은 한풀 꺾이기 십상이다."(「국가보안법 개폐작업 나서라」, 『중앙일보』 2004.7.1, 제39면 중앙시평)

판입니다.[8] 하지만 앞서 말씀드렸듯이 분단체제는 완결된 체제가 아니고 크게 봐서 세계체제가 한반도를 중심으로 작동할 때 나타나는 하나의 국지적 현실이지요. 이런 범한반도적 현실을 우리가 좀더 체계적으로 인식하기 위해서 분단체제를 이야기하는 것일 뿐이고, 분단체제 내에서 일어나는 많은 문제의 더 기본적인 뿌리는 당연히 세계체제에 있는 거지요. 가령 지금 우리 사회의 심각한 문제로 되어 있는 양극화라든가 환경파괴, 성차별, 폭력과잉, 이 모두가 자본주의 세계체제가 어디서나 안고 있는 문제지 분단된 한반도에만 있는 문제는 결코 아닙니다. 그러나 제가 분단체제를 이야기하면서 강조하는 것은 이런 세계체제의 문제점이 한국사회에서 나타날 때는 한반도의 분단체제라는 것이 가세해서 문제가 굴절되기도 하고 많은 경우에 더 악화된다는 것입니다. 물론 민중의 노력에 따라 좋아질 수도 있어요. 87년체제만 해도 어쨌든 우리가 피땀으로 쟁취한, 전보다는 나아진 체제라는 것이 우리의 자랑입니다.

---

8) 질의응답 시간에도 비슷한 취지의 질문이 있었다. 곧, 민족이 계급적 문제를 은폐하는 부분이 있다, 통일을 했을 때 민족이 통합되었다 하더라도 거기에 아직 계급적인 문제가 존재하게 마련 아닌가 하는 의문을 제기하면서, '통일이 아닌 탈분단'을 얘기하는 건 어떨까 하는 제의도 했다. 이에 대한 나의 답변은, 아무런 통일이 아니라 분단체제의 극복에 해당하는 통일이라면 완전한 계급 철폐가 아니더라도 계급문제에서도 의미있는 진전이 이루어지는 통합이라야 할 것이며, 그런 의미로 '통일이 아닌 탈분단'을 말하는 취지가 이해되기는 하지만 한국어의 통상적 어법으로는 '탈분단'이 곧 '통일'이므로 '탈분단체제'로 표현하는 것이 더 정확하리라는 것이었다. 더구나 일부에서 생각하듯이 분단체제의 극복 없이 '탈분단=탈냉전'이 가능하다는 생각은 분단체제에 대한 인식 부족이라 말할 수밖에 없다.

민주주의의 후퇴나 민주주의에 대한 위협에 대해 말씀드렸습니다만, 가령 성평등 문제만 하더라도 세계적으로 한국 정도의 경제수준과 교육수준을 가진 나라치고 이렇게 여성차별이 두드러지고 소위 성평등지수가 낮은 나라가 없어요. 절대적으로 더 낮은 나라들이 물론 있지만, 우리의 경제수준이나 교육수준에 견주어볼 때는 아니라는 거예요. 그럼 왜 그럴까. 성차별문화의 중요한 요소 중 하나가 군사문화입니다. 마초문화인데, 이것이 일제 잔재이기도 하지만 역시 분단이 되어서 큰 군대를 유지하면서 남북이 대결하고 있기 때문에 군사문화가 더 강력해지는 거죠. 흔히 여성차별을 논할 때 우리의 전통적인 유교문화를 탓하곤 하는데, 물론 유교문화에 성차별적 요소가 분명히 있지만 그래도 그건 최소한 문민우위의 문화였어요. 군사문화는 아니었습니다. 군사문화도 그렇고 성장제일주의라든가 단기실적주의 같은 우리 사회의 병폐들이 세계체제의 한 속성이긴 하지만 분단 때문에 더 악화되었다는 것이죠. 그런 것을 제대로 인식하지 않으면 올바른 대응도 못하는 것입니다.[9]

9) 분단체제 논의 때 흔히 나오는 또 하나의 질문은 통일을 한다면 어떻게 한다는 것인지 그 방도에 대한 물음인데 당일 질의응답 시간에도 나왔다. 나는 늘 강조하듯이, 통일이라고 하면 요원한 것 같지만 남북 사이에는 통일을 점진적·단계적으로 하고 그 첫 단계로 '국가연합 내지 낮은 단계의 연방제'라는 느슨한 형태의 결합을 먼저 하기로 '방도'에 대한 합의가 이미 나와 있다는 점, 국가연합은 남북이 각각 현재처럼 주권국가로 남으면서 연합하는 것이므로 교과서적인 의미의 통일은 아니지만 한반도의 독특한 맥락에서는 '1단계 통일'이라 할 만하다는 점, 그런 수준의 결합이라면 비핵화의 진전 등 국제적 여건 호전이 수반할 경우 잘하면 다음 정부 임기 내에도 가능하다는 점 등을 설명하고자 했다.

4. 2013년체제를 향하여

마지막으로 '2013년체제를 향하여'라는 대목으로 끝내겠습니다.

이명박정부의 각종 폭주와 역주행의 본질이 87년체제가 원래 지녔던 문제점이 극도에 달한 것임을 인정한다면, 2013년은 87년체제 자체가 바뀌는 획기적인 새 출발이 되어야 된다는 취지에 쉽사리 공감할 것입니다. 실제로 2013년체제라는 용어를 쓰고 안 쓰고를 떠나서, 더는 이렇게 못 살겠다는 정서가 우리 사회에 널리 퍼져 있다고 봅니다. 일차적으로는 이명박정부 하는 꼴을 더는 못 봐주겠다는 것이지만, 나아가 정부가 바뀔 때 우리 사회를 확 좀 바꿔야지 어떻게 대통령 하나 바꾸는 것만으로 되겠느냐 하는 생각이 널리 퍼져 있는 것입니다.

이게 갑자기 생긴 것도 아니고, 최근의 역사에서는 2008년의 촛불시위가 결정적인 계기였다고 봅니다. 미국산 광우병 소의 위험에 대한 반발로 나왔다고 하지만, 그리고 광우병 위험에 대해서는 다소 과장된 면도 있었지만, 그것은 그냥 하나의 계기였지요. 국가의 검역주권을 마음대로 내팽개치는 정부의 행태라든가 그러지 말라고 아무리 말해도 안 듣는 불통정권이 더 문제였고, 실은 처음에 여중생들이 나왔을 때 그들의 구호가 "잠 좀 자자" "밥 좀 먹자"였는데 이게 사는 거냐, 이렇게는 더 못 살겠다는 거였죠. 그런 절절한 심경이 정부와 거대언론 등 지배세력의 대응을 보면서 점점 더 커져왔습니다. 2009년에 노무현 대통령이 서거했을 때의 국민적인 애도의 물결이 엄청났지요. 사실 노대통령이 재직중에 지지도가 얼마나 낮았습니까. 또 객관적으로 평가해도 그의 대통령직 수행에 대해 높은 점수를 주기는 어렵다고 봅니다. 저 말고도 그렇게 생각하는 사람들이 우리 사회에 많을 텐데, 그의 죽음을 맞아서는 대다수 국민들이 진심으로 슬퍼하고 애도했어요. 불행한 죽음이어서 그러기도 했지만, 더 큰 이유는 우리가 모시고 있는 대통령과 돌아가신 분이 너무나 다른 게 실감된 거예요. 저렇게 살다 가는 사람도 있는데 왜 우리는 이런 대통령 아래서 이렇게 살아야 하나 하는 국민들의 공감이 드러났다고 봅니다. 그러다가 2010년 6월 지방선거에서는, 슬퍼만 하고 촛불만 드는 것이 아니라 투표를 통해서 이 정부를 견제하고 응징할 수 있다는 자신감을 갖게 되었던 겁니다. 특히 2011년 들어 10·26 서울시장 보궐선거 과정에서는 이른바 안철수 현상과 박원순 무소속 시민후보의 등장을 통해서 정말 2013년체제의 실현가능성을 보기 시작했다고 하겠습니다.

그렇지만 아직 충분조건은 물론이고 최대의 필요조건조차 숙제로 남은 상태입니다. 최대의 필요조건이란 다름아니고 2013년체제를 추진하는 세력이 2012년의 양대 선거에서 승리하는 일이지요. 그리고 충분조건은 선거승리 이후에도 '2013년체제 추진세력'의 이름에 값할 만한 실력을 지금부터 갖추는 일입니다. 다행히도 이에 대한 논의와 준비가 다각적으로 진행되고 있는데, 저는 여기서 원래 주제인 민주주의 문제로 돌아와서 한두가지 언급하는 것으로 끝낼까 합니다. 하나는 아주 현실적인 문제고 다른 하나는 다소 원론적인 이야기입니다.

먼저 현실적인 문제는, 이렇게 민주주의가 중요해졌고 여전히 민주주의가 문제인데, 2012년 선거과정에서 민주주의 문제를 어떻게 제기하느냐 하는 것입니다. 2007년 대선에서는 아까도 말씀드렸지만 '민주 대 반민주' 구도가 전혀 먹히지 않았습니다. 한나라당뿐 아니라 이른바 진보진영의 일부 논자들마저 한국 민주주의에 대해 실재하는 위협을 무시한 탓도 있습니다. 그러나 기본적으로는 당시 서민생활이 극도로 힘들어진 상황에서 대중의 욕구가 온통 경제로 쏠렸기 때문이었겠지요. 그래서 '경제를 살리는' 대통령, 자기가 돈을 많이 벌었으니까 우리도 돈을 많이 벌게 해주리라는 환상을 심어준 대통령한테 투표를 했던 것입니다. 또 그는 온갖 불리한 사실을 은폐하고 호도하면서 모두를 엄청 잘살게 해주겠노라고 '747'(매년 7%의 경제성장률과 1인당국민소득 4만 달러, 세계 7대 강국) 같은 허황된 약속을 열심히 선전하고 다녔지요.

오늘날 대중의 생활고는 그때보다 훨씬 더 심해졌습니다. 그렇기 때문에 이번에도 다수 유권자의 최대 관심사는 먹고사는 문제일 수밖에 없으리라고 봅니다. 그 점에서 이명박정부의 온갖 반민주적인 행태에도 불구하고 단순한 민주 대 반민주 구도는 이번에도 힘을 쓰기 어려울 것입니다. 반면에 정권의 권력남용으로 직접적인 피해를 입었거나 그걸 보고 분개한 경우를 제쳐두고도, 국민들은 지난 4년간의 경험을 통해서 민주주의에 역행하는 세력이 아무리 서민을 위한다, 경제를 살린다고 떠들어대도 특권층의 이득보다 서민대중의 복지를 앞세우는 일은 '말로만'으로 끝날 수밖에 없음을 절실히 학습했습니다. 따라서 대중의 생활상의 욕구를 대변하려는 정치세력

역시, 이명박정부가 서민적 복지를 망쳐놨는데 우리는 복지를 하겠다고 하는 것만으로는 부족합니다. 저들이 반민주적이기 때문에 복지도 안됐다는 점을 부각시키면서, 말하자면 민주주의라는 어젠다와 복지라는 어젠다를 배합해서 내놓을 줄 알아야 된다고 봅니다. 그래서 복지와 민주가 어떻게 긴밀히 결합되어 있고 그 둘은 또 한반도에서 1953년체제를 평화체제로 바꾸는 일과 얼마나 불가분의 관계가 있는지를 유권자들에게 제시할 수 있어야 합니다.

이렇게 할 때만—특정 정치인의 이름을 거론해서 안됐습니다만—박근혜씨와의 대립각을 제대로 세울 수 있습니다. 지금 이명박정부와 한나라당의 인기가 바닥이지만, 대통령 후보감에 대한 여론조사를 보면 대통령선거에 나오겠다는 말을 한 적이 없는 안철수씨를 빼면 여전히 박근혜씨가 부동의 1위를 차지하고 있습니다. 박근혜씨는 자기가 이명박과 다른 정치인이라는 점을 누누이 강조해왔고 실제로 다른 점이 많아요. 거기다가 복지 얘기를 일찍부터 해왔잖아요. 개인적으로는 잘 모르지만, 이명박 대통령보다 훨씬 품위도 있어 보이고 교양도 있어 보이고 원칙을 존중하는 것 같고 공심(公心)도 더 있어 보이고 거기다가 복지까지 주장하는 이런 후보를 반대할 때는 그럴 만한 이유가 있어야 되는데, 독재자의 딸이라 안되겠다, 이것으로는 다수 유권자를 설득하기 어려울 것 같아요. 심지어 박정희·육영수의 딸이라서 더 좋다는 사람도 많거든요. 아니면 여자라서 안될 거다? 이건 보수적인 편견에 너무 기대하는 꼴이고 결정적인 변수가 되기 어렵지요. 그렇다면 한나라당이니까 안되겠다? 개인적으로 이건 꽤 말이 된다고 생각하지만, 박근혜씨가 직접 당의 '쇄신'에 나서고 당명까지도 바꿔서 신장개업을 했을 때 저하고 달리 생각하는 유권자도 꽤 생길 수 있어요. 그러나 2013년에 국민들이 바라는 새로운 세상을 열려면 복지 얘기만 하는 게 아니라 민주주의, 한반도평화체제, 양극화 해소 등등을 종합적으로 추진할 경륜과 그 실행을 뒷받침해줄 지지세력이 있어야 되는데, 박근혜씨는 그건 아니지 않느냐 이렇게 국민을 설득해야 될 것 같아요.[10]

마지막으로 민주주의에 관한 좀 원론적인 문제인데, 이런 문제에

10) 청중의 질문 중에 지금으로서는 박근혜씨의 집권가능성이 큰데 그렇게 되면 '2013년체제'가 이명박시대의 연장이 되지 않겠느냐는 우려 섞인 물음이 있었다. 나는 만약에 그녀가 집권한다면 2013년 이후가 이명박시대의 연장이 되기 쉽지만 '2013년체제'라는 건 없으리라고 답하면서, 하지만 그런 사태가 벌어질 가능성이 그다지 높지 않다는 ── 그러니까 2013년체제는 역시 다가오고 있다는 ── 소신을 피력했다. 곧, 세상이 너무 빨리 너무 많이 바뀌는 바람에 박근혜씨 쪽에서 만들어놓은 전략이 이미 상당부분 어그러졌고 계속 그럴 공산이 크다는 것이었다. 원래 박 전 대표로서 가장 바람직한 씨나리오는 4월 총선이 가까워지기까지는 신비의 베일 속에 우아하게 보내다가 혜성같이 복귀해서 총선을 승리로 이끌고 뒤이어 집권에도 성공하는 것이었을 텐데, 그런 전략이라면 이미 상당한 차질을 빚었다(강연 당시 아직은 한나라당의 홍준표 대표가 자리를 지키고 있지만 조만간 박 전 대표의 구원등판이 예상되는 상황이었다). 예정에 없던 서울시장 보궐선거가 벌어지고 '안철수 현상'이 일어나면서 그녀는 한나라당 지지세력을 챙기기 위해 친이명박계이며 자신의 복지노선에 반대하던 나경원 후보 지원에 나서지 않을 수 없었고 ── 그리하여 '이명박과의 차별화'뿐 아니라 '선거의 여왕' 이미지에도 상처를 입었고 ── 뒤이어 선발투수가 너무 일찍 강판되는 바람에 중간계투나 패전 처리를 맡은 투수가 나갈 시점에 에이스 구원투수가 등판할 수밖에 없게 된 형국이다. 최근 북한 김정일 국방위원장 타계 후에 그녀가 택한 보수적 태도에서 보듯이, 한나라당 등 수구세력의 지지를 유지하면서도 이명박 노선과의 차별성을 부각시켜온 줄타기식 정치는 앞으로 점점 더 불가능해질 것 같다.

관심을 가진 분들에게는 대단히 흥미로운 주제이고 그렇지 않은 분들에게는 어렵고 거창한 얘기만 하는가 싶을지 모르겠습니다. 저는 식견은 부족하지만 관심은 참 많은 편입니다. 그래서 최근에 이 문제를 두고 글을 하나 쓰면서 정공법으로 가기보다 제가 연구해온 영국 작가 D. H. 로런스(Lawrence)의 민주주의론을 고찰하는 방식으로 우회적인 접근을 한 일이 있습니다.[11]

　민주주의라는 것은 근본적으로 민중의 자치라고 봅니다. 민중 스스로 자신을 다스리는 게 민주주의지, 남의 다스림을 받는데 그 절차를 만들어서 거기에 따라 진행한다고 참된 의미의 민주주의가 되는 것은 아니고, 모든 사람이 어느정도 잘먹고 잘사는 것도 민주주의의 본질은 아닙니다. 그렇게 볼 때, 2013년체제가 성립되면 우리나라의 대의정치가 지금보다 훨씬 나아질 것은 분명합니다만——그렇지 않다면 새로운 체제라고 할 수 없겠죠——그것이 민중의 자치라는 민주주의의 궁극적 목표와 얼마나 일치할 것인가 하는 원론적 문제가 남게 됩니다. "대한민국은 민주공화국이다"라고 노래한 촛불군중도, 말 그대로만 이해하면 헌법의 규정대로 국민주권이 확립되고 대의제 민주주의가 원활하게 작동하는 정부를 요구한 것이지만, 저는 그 밑바닥에는 민중이 스스로 다스리는 세상, 지금과는 전혀 다른 모습의 세상에 대한 꿈이 자리잡고 있었다고 봅니다. 그래서 2013년체제가 당장 그걸 실현하는 것은 아니더라도 이런 꿈을 실현하는 길로 얼마나 나아가게 될지를 물어볼 필요가 있습니다.

11) 졸고 「D. H. 로런스의 민주주의론」, 『창작과비평』 2011년 겨울호.

따지고 보면 대의민주제라는 것도 결국 과두정치(oligarchy)의 한 형태가 아닌가, 그 과두정치에 참여한 사람의 숫자가 좀 많다거나 그 과정이나 절차가 상대적으로 투명하다든가 하는 정도지 결국은 민중자치는 아니지 않나 하는 문제가 남는 것입니다.[12] 물론 당장에 그것을 실현하겠다는 것은 무리한 발상입니다. 그러나 적어도 개량된 과두정치를 2012년 선거승리의 최종 목표로 삼을 것인지에 관한 성찰과 고민은 필요하다고 봅니다. 당장에 민중자치 세상을 만들진 못하더라도, 개량된 과두정치로 만족하지 않기 위해 우리가 준비할 일은 무엇인가. 여기서는 제대로 다룰 수 없습니다만 이런 근본적인 문제들이 있습니다.

더구나 지금은 이런 원론적인 문제점이 '1퍼센트 대 99퍼센트'로 상징되는——이건 월스트리트 점령 시위 이후로 널리 알려진 구호인데——그런 극단적인 양극화를 지향하는 자본주의 세계체제의 속성과 중첩되어 나타나고 있습니다. 이런 양극화사회에서는 아무리 민주주의적 절차가 잘 규정되었다고 해도 민중자치와는 점점 멀어지게 마련입니다. 우리가 모든 헌법상의 권리를 가졌다 해도, 몇몇 재벌이 이 사회의 부를 독점하고 있고 그 재화의 처분이 재벌과 결탁한 극소수 권력자와 재벌총수 들에게 맡겨져 있다면 나머지 사람들

---

12) 이것이 부르주아민주주의가 아닌 인민민주주의를 뜻하는 것인가 하는 청중 질문이 있었는데, 나는 민중자치론은 부르주아민주주의냐 인민민주주의냐 하는 문제보다 더 발본적인 문제제기라고 답했다. 다만 민중의 자기통치는 스스로 배우고 서로 가르치는 민중의 자기교육을 수반하지 않고서는 성공할 수 없는 장기적 과제임을 동시에 강조했다.

의 민주적 권리라는 것은 기껏해야 재벌이나 권력기구의 간부 정도
가 되는 것이겠지요. 누가 뭐라 하든 당당하게 자기 삶을 살 수 있는
민주시민이 되기는 어렵습니다. '1퍼센트 대 99퍼센트'의 문제를 흔
히 '불평등' 문제로만 보는 시각도 있지만 이것이야말로 민주주의
의 문제인 것입니다.

이런 현실 속에서 아까 말씀드린 민중자치와 대의제가 일치하는
것이 아니라는 원론적인 문제제기가 한층 절실하게 다가옵니다. 우
리가 2013년체제를 달성한다 하더라도 그런 더 큰 문제가 다 풀리지
는 않을 것이기 때문에, 2013년체제를 건설하는 작업도 그 너머엔 또
뭐가 있고 그걸 향해서 우리가 무엇을 할까를 동시에 생각하면서,
그리로 나아가는 하나의 중간단계로서 2013년체제를 설계할 필요가
있지 않겠는가 하는 말씀을 드리면서 마치겠습니다. 감사합니다.

■ 이 글은 성공회대학교 '인문학 석학 초청 특강'의 하나로 2011년 12월 7일에 행한 강연
의 녹취록을 첨삭하고 각주를 추가한 것이다. 강연 뒤의 질의응답 기록은 따로 정리하지
않았고, 내용 일부를 본문에 편입하거나 각주로 반영했다. 주최측의 조희연 교수, 당일 사
회를 맡은 이남주 교수, 그리고 함께해주신 청중 여러분께 감사드린다.

8

2013년체제와 포용정책 2.0

이 글은 '2013년체제와 한반도 평화전략'이라는 큰 주제로 열린 제2기 한반도평화아카데미의 마지막 강의(2011.11.1)의 내용에 기반한 것이다. 당일 발언 중 누락된 부분을 더러 되살리면서 새로운 내용을 보충하기도 했다. 반면에 2013년체제 등에 관한 자세한 설명이 청중을 위해 필요한 것이었으나 본서에 여러 차례 나온 내용이므로 되도록 축약했다. 그러나 강의의 기본 흐름을 존중하는 뜻에서 어느 정도의 중복은 불가피했음에 대해 독자의 양해를 구한다.

강의가 있은 뒤 남북관계에 일어난 가장 큰 사건은 물론 12월 17일 김정일 북조선 국방위원장의 사망이다. 이후 북측 내부의 변화나 한반도 정세의 전망에 대해서는 전문가들의 논의가 한창이고, 앞으로 좀더 정확한 정보가 입수됨에 따라 한층 진전된 논의가 가능해질 것이다. 애초부터 비전문가인 나 자신은 본서 제3장으로 수록된 『창비주간논평』의 신년칼럼을 통해 이런 때일수록 남쪽에서의 2013년 체제 및 포용정책 2.0 추진이 더욱 절실해진다는 의견을 표명하는 데 그쳤다. 이 글에서 추가로 한두마디씩을 그때그때 덧붙이고자 한다.

1. 포용정책 2.0론에서 2013년체제론으로

계간 『창작과비평』 2010년 봄호에 「'포용정책 2.0'을 향하여」라는 글(본서 제5장)을 발표했는데, 장래의 포용정책은 단순한 대북정책·통일정책이 아니라 한국사회의 총체적 개혁을 수반하는, 그리고 이런 개혁과 조율된 정책이 되어야 하고, 남쪽과 북쪽이 함께 변함으로써 한반도의 분단체제가 변혁되는 것을 지향해야 한다는 취지였다. 종전의 햇볕정책·평화번영정책의 범위를 넘어 남한사회 개혁을 수반하는 범한반도적 분단체제변혁 전략이란 뜻으로 '2.0버전'이라는 표현을 쓴 것이다.

당시는 '2013년체제'라는 발상을 제시하기 전이었다. 그러나 포용정책을 업그레이드하기 위해 한국사회 전체가 바뀌어야 한다는 생각은 포용정책 2.0 개념 속에 담겨 있었다. 그때만 해도 천안함사건(2010.3.26)이 나기 전이고 남북정상회담 추진설도 나돌아 상당히 낙관적인 분위기였지만, 설혹 정상회담이 되더라도 포용정책 2.0단계까지는 못 갈 거라고 나름대로 판단하고 있었다. 지금 돌이켜보면 2.0으로 가기는커녕 1.0도 완전히 누더기가 되는 과정이 기다리고 있었다. 포용정책 2.0이란 것은 우리가 2013년 이후 정말 새로운 시대를 열 때만 가능하다는 점이 더욱 확실해진 것이다.

요즘 자본주의 4.0 얘기가 나오니까 '자본주의는 버전이 4.0까지 나갔는데 포용정책 2.0은 초라하지 않느냐? 포용정책도 3.0, 4.0 등을 붙여야 하지 않느냐?'고 말하기도 한다. 그러나 덮어놓고 버전의 숫자가 높다고 좋은 것은 아니다. 원래 미국이 1970년대 초 이래 포용정책을 할 때는 소련이나 중국 같은 공산권 국가에 대해 봉쇄가 아니라 '포용과 관여' 즉 engagement를 하겠다는 것이었고 이때의 포용정책은 통일하고는 무관한 개념이었다. 그에 비해 한반도에서는 포용정책이 어디까지나 통일을 지향하는 개념이다.[1] 통일단계로 안 가고 포용정책 버전의 숫자만 높아진다면 그건 포용정책이 제대로 안 돌아갔다는 증거밖에 안된다. 따라서 포용정책은 2.0으로 족하고, 그다음부터는 어떤 식으로건 통일단계로 들어가는 게 맞다. 참고로 한마디 덧붙인다면 '포용정책 2.0'은 '웹 2.0'을 염두에 두고 지은 이름이다. 곧, 1.0과 2.0 사이에 쌍방향성이라는 질적인 차이가 일어나는 데에 착안한 것이며, 단순히 어떤 기기가 버전 1.0, 2.0, 3.0 식으로 개량되어가는 것과는 다른 개념인 것이다.

'2013년체제'의 개념에 대해서는 본서 제1부의 여러 곳에서 여러 차례 설명을 했는데, 간략히 요약하면 2013년 2월 현 정부의 임기가 끝날 때 단지 좀 덜 형편없는 대통령을 모신다든가 기껏해야 정권만 교체하는 선에 만족하지 말고 더 큰 꿈을 꾸어야 한다는 것이다.

---

1) 본서 제5장 112~21면 참조.

1987년 국민들은 6월항쟁을 일으켜 전두환의 제5공화국뿐 아니라 60년대 초부터 이어져온 군사독재를 끝장냈다. 직후에 당선된 대통령이 군부 출신이긴 했지만 전혀 다른 헌법 아래 국민들의 직접투표로 당선되었고 새로운 시대가 열렸다. 6월항쟁과는 방법이 다르겠지만, 2013년에 적어도 1987년 정도의 변화를 만들어내자는 것이다.

흔히 6월항쟁 이후의 시대를 87년체제라 부른다. 지금 와서는 많은 문제점이 드러나고 있지만 앞시대에 비하면 엄청난 발전을 이룩했다. 일단 민주화가 되었고, 경제적으로도 7·8월노동자대투쟁을 통해 노동자들이 어느정도 우리 사회의 주체로 인정받았다. 국가와의 관계에서 완전히 눌려 있던 기업인들도 이제 경제활동의 자유를 훨씬 많이 누리게 됐다. 남북관계에서는 90년대 초에 남북기본합의서와 한반도비핵화공동선언을 만들어냈고, 김대중 대통령 때 6·15공동선언, 노무현 대통령 때 10·4선언이 나왔다. 동북아 전체를 봐도, 중요한 6개국이 2005년 베이징에서 9·19공동성명을 발표했다. 이 지역에서 다자간의 그런 성명이라도 나온 것은 최초의 일이었는데 그 과정에서 한국외교가 역사상 유례없는 역할을 했다. 이 모든 것이 87년체제에서 이루어졌고 그 시대의 건설적 동력이 반영된 사례들이다.

그런데 87년체제가 제때에 다음 단계로 도약을 못하다보니 여러가지 혼란상이 벌어졌다. 노무현정권 중반 이후에 이미 혼란기에 돌입했다고 보아야 한다. 그런 혼란을 정리하고 선진화시대를 열겠다고 나온 게 이명박정부인데 2008년 이래 우리 사회는 선진화로의 도약은커녕 온갖 퇴행과 대혼란을 경험해왔다. 그리고 포용정책은 1.0

버전마저 거의 파탄에 직면하게 됐다. 천안함사건 이후의 5·24조치로 남북교류가 극히 일부를 빼고는 전면적으로 중단되었고 드디어 2010년 11월 남쪽 영토인 연평도에 북측의 포탄이 떨어지는 휴전 후 초유의 사태가 발생했다.

그러나 지금의 이 혼란상이 모두 이명박정부의 잘못 때문은 아니라는 것이 2013년체제론의 취지다. 87년체제가 말기국면에 도달했고 그걸 제대로 수습하지 못한 참에 이명박정부가 들어와서 더 어지럽게 만든 것일 따름이라는 것이다. 87년체제는 여러가지 긍정적 가능성과 한계를 갖고 출범했는데 세월이 갈수록 긍정적인 동력은 떨어지고 부정적인 면이 더 많이 드러나게 되었다.

87년체제를 극복하고자 할 때 한가지 중요한 사실을 인식해야 한다. 87년 6월항쟁으로 민주화가 되었지만 그것은 분단 한반도의 남쪽에 국한된 사건이었다. 남북이 대치하고 있는 상황, 그 때문에 발생한 민주주의와 사회발전에 가해지는 여러 제약을 시원하게 털어낼 수 없었던 것이다. 다시 말해 87년체제를 통해 남한의 군사독재를 허물면서도 그 토대를 이루는 '1953년체제' 즉 한국전쟁의 참화를 겪고 나서 통일도 안되고 평화도 이룩하지 못한 채 휴전상태로 60년 가까이 지나면서 성립된 분단체제를 좀더 안정된 평화체제로 대체하지 못했다. 53년체제의 토대를 그대로 둔 상태에서는 87년체제의 민주화나 남북화해 노력에 커다란 제약이 있을 수밖에 없었다.[2]

---

2) "현재 우리의 분단현실은 1953년 정전협정에서 한 발짝도 벗어나지 못하고 있다. 김대중·노무현 대통령이 많은 노력을 했지만, 그러한 노력을 하루아침에 정

2013년체제와 평화전략을 함께 얘기해야만 하는 이유는 평화체제로의 진행 여부가 2013년체제의 성패를 좌우하기 때문이다. 다시 말해 우리 사회가 당면한 문제 중에서 유독 남북관계나 평화문제만 중요하다는 주장이 아니라, 87년체제가 53년체제라는 토대 위에 세워진 탓에 민주화를 위한 그 긍정적인 동력도 제대로 발휘하지 못하고 교착·혼란·퇴행상태를 겪게 된만큼, 결국 53년체제를 혁파하여 분단체제를 좀더 획기적으로 바꿔나가야 한다는 것이다.

따라서 당신이 통일운동 한다고 유독 통일·평화문제만 중요시하고 다른 문제는 경시하는 거냐고 힐난하는 것은 87년체제의 성격에 대한 심층적인 분석이 모자란 탓이다. 표면에 나타난 문제만 보지 그 바닥에 53년체제가 있다는 사실을 보지 못하는 것이다. 심지어 한국이 분단국가라는 사실을 아예 잊어버리고 이야기하는 사람들도 많다. 그 정도는 아니어도 사회분석을 하면서 더 깊이있게 가지 못하고 87년체제의 본질적인 문제가 어디 있는지를 간과하는 경우가 많은 것이 사실이다.

물론 인간의 평화로운 삶이라는 궁극적인 의미의 '평화'는 인류 공동의 염원이고 분단체제를 타파한다고 달성이 보장되지는 않는다. 그러나 최근 '왕따'로 괴롭힘을 당한 초·중등학생들의 잇따른

치적으로 뒤집어버리는 세력이 아직도 존재하고 있다. 이제는 분단문제가 우리의 민주주의의 발목을 잡는 시대를 넘어서야 하고 2012년 선거에서 그 계기를 마련해야 한다."(이종석 「2013년체제와 평화·안보전략」, 2011.11.25 세교연구소·한반도평화포럼 공동주최 심포지엄 자료집 『'2013년체제'를 향하여』 19면. 이 자료집은 한반도평화포럼 홈페이지에도 올라 있다. http://koreapeace.co.kr/xe/10900#0)

자살 같은 극단적인 현상이 분단의 지속 및 87년체제 말기국면의 장기화에서 오는 군사문화·폭력문화의 만연 및 돌봄문화의 취약성과 무관하달 수도 없다. 사례별로 섬세한 조사를 하되 분단체제의 영향과 세계체제 속의 더 깊은 뿌리 등에 대한 거시적 통찰이 있어야 2013년체제 아래서는 이런 참담한 현실을 획기적으로 개선할 수 있을 것이다.

그 필요조건으로 53년체제의 극복을 들었는데, '53년체제'의 내용도 '정전협정체제'라는 좁은 의미와 그것이 오래 지속되면서 성립한 '분단체제'라는 더 넓은 의미로 설정할 수 있다. 그중 정전협정을 평화협정으로 바꾸는 일은 2013년체제의 최우선 목표이며,[3] 다른 한편 '1단계 통일'에 해당할 남북간의 연합기구를 발족시키는 작업은 좀더 시간이 걸리겠지만 평화협정이 '평화체제'의 구축으로 가는 과정에서 피하기 힘든 과제로 대두하리라 예상된다.

---

3) 일각에서는 평화조약을 주장하지만 미국 헌법상 상원의 재적 3분의 2 이상의 찬성으로 비준되는 조약(treaty)보다 상하 양원의 과반수 찬성으로 성립하는 협정(agreement)이 현실적인 방안일 것이라고 미 상원 외교위 정책국장 프랭크 자누지(Frank Januzzi)는 설명한다(2011.10.17 미국 조지아주 애선스에서 열린 남·북·미 3자 민간대화 회의에서의 발언). 물론 공화당이 하원을 장악한 현재의 판세로는 하원의 과반수 찬성을 얻는 일도 기대하기 어렵다. 그러나 상원의 재적 3분의 2 찬성은 설혹 정세가 바뀌더라도 훨씬 달성하기 힘든 목표라는 것이다.

2. 포용정책 1.0의 훼손 이후

그러한 일들이 바로 2.0버전으로 업그레이드된 포용정책의 과제인데, 2.0이 필요한 또 하나의 이유는 오늘의 현실이 포용정책 1.0을 그대로 적용할 수도 없도록 훼손되었기 때문이다. 이명박정부가 6·15공동선언을 외면하며 보낸 세월로 인해 포용정책 1.0이 전제로 삼았던 현실이 많이 바뀌어버린 것이다.

물론 1.0에서 강조하던 북쪽과의 대화·교류·협력의 기조를 복원하는 것은 시급한 당면과제다. 포용정책 1.0을 훼손하다보니 남북관계 긴장이 높아지고 연평도 포격사건도 일어나고 여기저기서 문제가 터진 것이기 때문이다. 이 점은 많은 논자들이 지적해왔고, 2.0버전을 말하는 나도 물론 동의한다. 다만 지난 4년간 진행된 대대적인 훼손으로 인해 본래 상태로 복원 불가능한 것들이 있는데, 그중 대표적인 것이 북핵문제다. 이 문제의 해결을 위한 기본문서는 2005년 베이징 6자회담이 채택한 9·19공동성명인데, 그것은 북이 핵무장을 하지 않은 상태에서 핵무장을 어떻게 방지하느냐에 대한 합의였다. 그런데 지금은 북이 핵실험을 2회나 했고, 우라늄 농축까지 하고 있다. 북은 우라늄 농축이 평화적인 에너지 사용을 위한 것이라고 주장하지만 전문가들은 필요하면 언제든지 방향을 바꿀 수 있다고 보는 것으로 안다. 어쨌든 2005년에 비해 문제가 훨씬 더 심각해졌고 어떤 의미로는 문제의 성격이 달라져 있다.

게다가 문제해결의 가장 중요한 당사자인 북조선과 미국 간에 불신이 더욱 깊어진 상태다. 애초에 미국이 9·19공동성명 이행의 발목을 잡았고 2008년 이후로는 남측이 포용정책 1.0을 깨버리는 바람에 그렇게 된 점도 있지만, 역으로 북이 핵실험으로 대응했기 때문에 미국이나 한국인들 사이에 북에 대한 불신이 더 커진 것도 사실이다. 아무튼 정치가들이 문제를 풀기 더 어려워진 상황이다. 특히 미국정부의 경우 핵문제를 빼고는 한반도문제에 큰 관심이 없고 전체적으로 우선순위가 높지 않기 때문에 북측은 국면타개를 위해 강수를 택하기 쉬운데, 그럴 때마다 북에 대한 불신이 더욱 깊어지는 악순환이 이어져왔다. 아무튼 미국인들 대다수는 북조선에 대해 전혀 무관심하거나 아니면 무조건 싫어하고, 멸시하고, 약속을 밥먹듯이 뒤집는 존재로 여긴다. 미국사람들은 외국과의 관계에서 체질적으로 자기들이 잘못한 것을 잘 인정하지 않는 것 같다. 특히 북조선에 관해서는 모든 합의를 오로지 북이 뒤집어왔고 그쪽만이 나쁘다고 하기 일쑤다. 이 악순환을 깨려면 특단의 정치적 결단이 필요할 텐데 지금 미국정부에 그런 정치력을 기대하기는 힘든 것 같다.

북의 김정은체제가 안착하고 오바마 대통령이 재선된다면 새로운 가능성이 열릴 수 있다. 아니 미국의 대통령선거 전이라도, 핵문제에 관한 북측의 부분적 양보와 미국의 대북지원 재개를 맞바꾸는 방향으로 진행되었다는, 김정일 위원장 생존시의 북미협상이 결실을 보아 6자회담의 조속한 재개로 이어지는 것은 가능할 것이다. 이는 곧 김정일 위원장의 '유훈'을 충실히 이행하는 길이기도 하다. 반면에 그의 최대 치적 중 하나로 칭송되는 핵무기 보유를 완전히 포기하는 일은, 비록 김위원장 자신이 한반도비핵화가 '김일성 주석의 유훈'임을 거듭 강조하긴 했지만, 결코 간단한 일이 아닐 것이다.

아무튼 북핵문제는 핵문제에만 매달려서는 결코 풀 수 없는 전체 한반도 문제의 급소에 해당한다. 옛날에도 그랬지만 지금은 더 풀기 어려워진 것이다. 비핵화 협상은 그것대로 진행하고, 평화협정 체결도 그것대로 추진하고, 한반도 평화만이 아니라 동북아 평화 구축작업에도 다시 시동을 걸고, 경제적 지원도 하고, 북미·북일관계를 개선하는 교섭도 진전시키는 등 여러 방면에 걸친 의제들을 정교하게 조율하면서 동시다발적으로 추진해야 한다. 그런데 그것을 위한 동력과 지혜가 미국정부의 어디서 나올지 현재로서는 보이지 않는 것이다. 미국과 한국이 북한과 첨예한 대결을 추구하던 정책을 근래 조금 수정하는 기미를 보였고 북의 권력교체로 한반도에 대한 미국의 관심이 다소 높아지긴 했지만, 북이 먼저 비핵화를 해야 한다고 고집해서는 별다른 진전이 없을 것이 분명하다.

그런데 이명박정부가 한가지 확실히 가르쳐준 것이 있다. 미국이 아무리 초강대국이고 중국이 아무리 새로 떠오르는 강국이라 해도 한반도문제에서는 한국이 대단히 중요하다는 것이다. 한국이 결정권을 쥐고 있다는 사실을 이명박정부가 역설적이지만 잘 보여주었다. 물론 북조선·미국·중국 모두 그나름의 결정권을 갖고 있다. 그러나 북은 체제유지라는 절체절명의 기준으로 매사를 판단하는 한에서 수동적인 처지라 할 수 있고, 중국 또한 '한반도의 안정'이라는 소극적 목표에 치중하는 입장이다. 미국은 여전히 초강대국이지만 국가적 의제 중에서 한반도의 우선순위가 높지 않고 북에 대해 축적된 지식도 많은 편이 아니라고 생각된다. (이는 미국 정부나 전문가들이 한국에 없는 특수정보를 많이 가진 것과는 다른 문제다.) 과거에 부시 행정부가—실은 한때 클린턴 행정부도—대북강경노선으로 기울었을 때 김대중·노무현정부와 한국측 전문가들의 끈질긴 설득이 미국의 강경노선을 견제하고 마침내 방향을 바꾸는 데 기여한 바 있다. 그런가 하면 이명박정부는 오바마 대통령의 당선으로 남북관계의 진전에 유리한 외부환경이 마련되었을 때 '비핵화'를 내세워 북미화해를 막는 데 큰 역할을 했다. 그렇다고 북이 비핵화로 나아가기는커녕 오히려 핵능력을 강화하는 결과가 된 것은 누구나 아는 사실이다.

아무튼 한반도문제에서는 한국정부의 주도력이 크게 마련인데, 정부가 그 주도력을 건설적으로 행사하지 않을 때 정부의 정책을 바꾸거나 정부 자체를 교체할 수 있는 것은 한국국민뿐이다. 그 점에서 남한의 민간사회라는 '제3당사자'가 열쇠를 쥔 셈이다. 나는 전부터 우리 남쪽의 민간사회가 한반도문제 해결에서 제3의 당사자가 되어야 한다고 주장해왔는데, 남북 양쪽 당국 모두와 거리를 유지하면서 독자적인 역할을 해야 한다는 것이다. 지금 그 역할이 어느 때보다 중요해지고 있다.

3. 한반도식 통일의 특성: 단계적 진행과 '시민참여형'

제3당사자라는 것이 말은 좋은데 민간이 통일문제에 얼마나 개입할 수 있느냐고 회의적으로 보는 분들이 많다. 물론 통일문제에 대한 큰 결정은 정부가 한다. 뿐만 아니라 '통일문제에의 개입'을 남북간 교류나 협상에 직접 참여하는 것으로 한정한다면 민간의 역할은 부분적·보조적인 것일 수밖에 없다. 그러나 중요한 것은 한반도의 통일이 다른 나라의 통일과정에 비해 근본적으로 다른 독특한 성격임을 파악하는 일이다.

'한반도식 통일'의 특성 중 하나는 단계적으로 진행된다는 사실이다. 그냥 점진적인 것만이 아니고 **중간단계를 거친다**는 것이다. 한반도가 아직도 분단국으로 남아 있는 점도 특이하지만, 통일을 하되 중간단계를 거쳐 점진적으로 이룩하기로 쌍방의 정상이 합의했다는 사실은 세계적으로 유례가 없다. 베트남은 전쟁으로 통일됐고, 독일은 통일에 대한 합의 없이 교류하던 중 동서냉전이 종식되면서 급속하게 동독이 서독에 편입됐다. 예멘의 경우는 일종의 담합통일을 했는데, 남·북예멘 지도부가 일단 갈라먹기 통일을 했다가 합의가 삐끗해서 전투가 벌어졌고, 결국 북예멘군이 남예멘군을 진압해서 통일과정을 완결했다.

그러나 우리는 벌써 10여년 전인 2000년 6·15공동선언에서 남북 정상이 합의하기를, 통일을 당장 하지 않고 천천히 하는데 남측의 연합제 안과 북측의 '낮은 단계 연방제' 사이에 공통점이 있으니 그 방향으로 함께 노력하자고 했다. 이러한 공동선언 제2항은 절묘한 외교적 절충의 결과답게 모호한 표현으로 되어 있지만, 한가지 명백한 점은 완전 통일로 직행하는 게 아니라 일단은 그런 중간단계를 공동목표로 삼기로 합의했다는 사실이다.[4]

---

4) 강의 당일 질의응답 시간에 지금의 꽉 막힌 남북관계를 타개하기 위해 핑퐁외교라도 해보는 게 어떻겠느냐는 질문이 나왔다. 그러나 내가 답변에서 강조했듯

'한반도식 통일'의 또 한가지 특징은 '시민참여형'이라는 점이다. 이는 남북관계에 대한 시민들의 관여가 양적으로 얼마나 많으냐는 문제가 아니라, 통일과정의 단계적 진행에 합의한 순간부터 그 과정을 정부당국이 마음대로 할 수 없게 된다는 질적인 차이를 뜻한다. 무력통일이든 평화적 통일이든 '원샷'으로 통일할 경우에는 민간이 끼어들 여지가 거의 없다. 그러나 천천히 하고 느슨한 결합을 거쳐서 통일로 간다고 하면, 민간사회가 하기에 따라 얼마든지 그 과정에 끼어들 여지가 생긴다. 또 그런 여지가 생기면 한국사람들은, 적어도 오늘의 남한시민들은 어떤 식으로든 참견하려고 하지 당국이 알아서 해달라고 하지 않는다. 북녘 사람들은 지금 워낙 살기 힘들고 정치적으로 봉쇄되어 있어서 다르지만, 그들도 사정이 변화하면 남쪽 사람들과 마찬가지로 그 과정에 참여하려 들 기질과 창의성을 지닌 동포들이다.

그런 의미로 한반도식 통일은 본질상 시민참여형이라는 것이다. 포용정책 2.0단계에 가면 그 특성을 더 분명히 의식하고 한층 적극적으로 실행해야 한다. 2013년체제가 성립하면 시민의 그러한 역량이 획기적으로 진전되어, 분단문제가 민주주의의 발목 잡는 것을 더는 용납하지 않는 동시에, 반민주 수구세력이 남북관계 발전의 발목

이 남북관계는 지금 비록 그런 말이 나올 정도로 답답한 국면에 있으나 예컨대 미·중관계가 핑퐁외교로 시작하던 단계와는 비교할 수 없을 만큼 진척되어 있다. 아니, 통일방안에 대한 쌍방간의 대체적 합의가 존재한다는 점에서 교류와 협력이 훨씬 활발했던 왕년의 동서독관계나 오늘의 양안(兩岸)관계에 비해서도 월등한 면이 있다.

을 잡기도 힘들어지는 시대가 될 것이다.

그렇게 되기 위해서는 남한 내의 각종 정치개혁과 제도쇄신이 당연히 요구되지만 남북 사이에도 새로운 제도적 장치가 필요할 것이다. 흔히 남북관계를 잘 풀어나가려면 정경분리를 해야 한다고 말한다. 너무 정치정세에 휘둘리지 말고, 정치적으로 갈등이 있어도 경제협력만은 꾸준히 추진하자는 것이다. 그리고 경제교류가 많아지고 긴밀해지다보면 정치문제도 자연히 풀기가 쉬워지리라는 주장이다.

맞는 말이다. 하지만 어디까지나 그때그때의 난관을 넘어가는 하나의 단기적 방편으로서 그렇다는 것이고, 길게 보면 정치적인 타결 없이는 경제교류에도 한계가 엄연하게 마련이다. 1991년 남북기본합의서 이래 경제교류를 계속 시도했지만, 2000년 6·15공동선언을 통해 정상급에서 정치적 타결이 이뤄짐으로써 비로소 본격적인 교류와 협력의 시대가 열렸다. 임시방편으로서 또는 부분적인 전략으로서 정경분리는 존중되어야 옳지만 결국은 정치적 타결 없이는 큰 진전을 보기 어려운 것이다.

그런데 기껏 정치적으로 타결해놓은 것들이 지금 와서 거의 다 뒤집어졌다. 하나도 안 뒤집어지고 실행되기를 기대하는 건 무리겠지만, 어쨌든 경제를 위해서라도 꼭 필요한 정치적 합의가 쉽게 뒤집어지지 않게 하는 제도를 만들 필요가 절실하다. 그게 바로 6·15 공동선언에도 나오는 연합기구의 설립이다. 남측의 연합제와 북측의 '낮은 단계의 연방제'가 공통점이 있으니 그 방향으로 통일을 추구하자고 했는데, 현실적으로 연방제는 불가능하고, 모르긴 몰라도 북측은 '낮은 단계'라는 토를 단 연방제에도 실제로 큰 관심이 없는 것 같다.[5] 결국 현실적인 방안은 연방(federation)보다 북측에서도 공통점이 있다고 인정한 연합(confederation), 그것도 '낮은 단계의 연합'(영어로는 Korean Confederation이라기보다 Association of Korean States가 적당하다고 생각되는)일 수밖에 없다고 본다.

사실 현 상황에서는 그것조차 본격적으로 하기는 어렵고, 우리도 당장 그걸 하자고 할 수 없다. 지금 남북 사이가 워낙 나빠서이기도 하지만, 북·미가 여전히 적대적인 관계인데 한쪽은 한미동맹을 하고 있고 다른 한쪽은 미국을 철천지원수라고 하는 상황에서 아무리 동족간이고 '낮은 단계의 연합'이라고 해도 국가연합을 할 수 있는 처지는 아닌 것이다. 일단 포용정책의 기조가 회복된 뒤에나 국가연합 이야기를 제대로 할 수 있을 것이고 남북연합 건설을 포용정책 2.0의 중요로운 내용으로 삼게 될 것이다. 그런 상황이 머지않아 오리라고 예상되고 기필코 와야 할 것이므로 미리미리 생각을 해놓아야 한다.

포용정책 기조가 복원되고 평화체제 건설 및 경제협력 확대가 진전되다보면, 이 과정이 다시 역전되지 않도록 하며 변화의 과정에서 북측 체제의 안전성을 일단 보장해주는 정치적 타결과 이를 제도화

---

5) 평소 북측의 선전매체들은 6·15공동선언 제2항을 거론하기보다 제1항의 '우리 민족끼리'라는 표현을 강령화하여 자주적인 완전 통일을 외쳐온 것으로 보이는데, 앞서 소개한 남·북·미 3자 민간대화에서는 북측 대표단 한 사람이 연방제 통일에 대한 발제를 한 것이 인상적이었다. 다만 그 취지는 이명박정부의 '흡수통일' 노선을 반박하기 위한 것이었고, 6·15선언에서 이미 합의한 '낮은 단계'라는 한정사가 빠진 점에 대한 질문에는 그것과 차이가 없는 내용이라고 답변했다. 어쨌든 실현가능한 연합의 형태를 모색하려는 의지는 현재로서는 없는 듯했다.

하는 장치가 필요해지게 마련이다. 국가연합 중에서는 스위스 같은 나라가 꽤 높은 단계의 국가연합에 해당한다. 대통령도 각 주별로 돌아가면서 하고, 칸톤(Kanton)이라고 하는 주(州)의 자치권이 굉장히 강하다. 그래도 유럽연합(EU)보다 훨씬 높은 단계의 국가연합인 것이, 중앙정부가 화폐를 강력히 통제하고 있어서 스위스프랑은 세계적으로 신용이 높다. 다수의 참가국이 사용하는 단일화폐가 있지만 재정정책은 각각이며 스위스 같은 국민국가의 형성과 거리가 먼 유럽연합은 그보다 한참 낮은 단계의 국가연합인 셈이다. 그런데 한반도의 '1단계 통일'은 그보다 더욱 낮은 단계일 수밖에 없다. EU는 단일화폐 외에도, 소속 국가의 시민들이 EU 안의 나라들을 마음대로 드나드는 이동의 자유가 있다. 그런데 남북이 국가연합을 할 때는 그 두가지가 모두 현실적으로 불가능하다. 이동의 자유를 주면 감당하기 힘든 쏠림현상이 벌어질 테고, 화폐를 통합하면 지금 유럽에서 보는 난국과는 비교가 안될 큰 혼란이 벌어지고 양쪽이 모두 경제파탄을 겪을 위험이 높다. 그런 의미에서 EU보다 낮은 단계의 국가연합이 우리가 추구할 수 있는 현실적인 목표다.

그런데도 과연 이것을 '통일'의 1단계로, 다시 말해 역전 불가능한 통일의 과정에 들어선 것으로 볼 수 있겠는가. 교과서적으로 말하면 통일과 거리가 먼 연합에 불과하다. 그러나 한반도에 건설되는 국가연합은 스위스나 EU와 전혀 다른 역사적 맥락에서 이루어지는 것이기 때문에,[6] 그것은 앞서 언급한 대로 이미 통일방안까지 포함

---

6) 본서 제2장 52면 각주4 참조.

한 남북간의 정치적 합의가 제도화됨을 의미한다. 물론 남북연합의 출범 자체가 남북교류와 경제협력의 진전뿐 아니라 북조선과 주변국의 관계가 개선되고 동북아평화체제의 구축과정이 상당정도 진행된 것을 전제한 것이다. 따라서 그러한 상태에서 '낮은 단계의 연합제'라도 이루어지면 남쪽 정권이 다시 바뀐다고 연합 자체를 뒤집기는 어려워진다. EU보다 훨씬 느슨한 결합이지만 한반도의 역사적 맥락에서는 그것만 이루어져도 1단계 통일이라고 부를 수 있는 것이다.

이런 얘기를 하면, 지금 정부가 민간인 방북도 허가를 잘 해주지 않고 언제 또 포격전이 일어날지 모르는 판에 무슨 꿈같은 소리를 하느냐고 말할 분들도 있을 것이다. 하지만 실제로 10·4선언은 국가연합을 표면에 내걸지는 않았지만, 적어도 낮은 단계의 국가연합으로 가는 시동을 건 문건이다. 정상회담을 수시로 하기로 했고, 고위급회담은 총리급으로 격상했고, 경제회담은 종전의 재경부차관 대신에 경제부총리가 나가기로 하고, 그밖에 국방장관 회담 등 여러 회담을 계속 진행하기로 했다. 2007년 말의 총리회담을 비롯해서 그중 일부는 실행에 옮겨지기도 했다.

10·4선언의 그런 합의가 실행되다보면 정부의 운영방식 자체가 달라지게 되어 있다. 과거 통일부장관이 고위급회담 대표로 나가면 다른 부처는 '부처간 협력' 차원에서 움직였지만, 총리가 대표가 된다면 내각의 모든 부처가 준비과정에서 건의서나 보고서를 올려야 한다. 경제회담도 부총리가 수석대표로 나가면 모든 경제부처가 보고하고, 합의가 나오면 같이 이행해야 한다. 남한정부의 전체적 운

영방식이 남북간의 협조와 조율을 전제로 돌아가도록 중심이 이동하는 것이다. 정부 사이에 그런 상황이 벌어지면 그에 상응하는 민간교류의 활성화도 뒤따르게 된다. 이렇게 한동안 진전된 후에 '이 정도면 남북연합이 됐다고 선포하자'고 해서 '어느날 문득' 그렇게 하면 되는 것이다.[7]

남북연합이란 것이 요원한 것 같지만 2013년체제를 제대로 출범시키기만 하면, 새 대통령 임기 내에도 가능할 것이다. 물론 북에서 최고지도자 교체로 한동안 남북연합 같은 큰 결단을 내릴 사정이 안 되기 쉽지만, 초장부터 6·15와 10·4의 이행을 역설하고 있는 김정은정권이 심한 난조에 빠지지 않는 한, 남쪽 정부가 10·4합의를 복원하고 업그레이드하기만 하면 임기 내 1단계 통일이 얼마든지 가능하리라 믿는다.

4. 민주개혁전략으로서의 포용정책 2.0

포용정책 2.0이 한반도 평화전략인 동시에 한국사회의 총체적 개

---

7) "저는 여기서 우리가 통일에 대한 개념을 바꿀 것을 제창합니다. (…) 말하자면 무엇이 통일이며 언제 통일할 거냐를 두고 다툴 것 없이 남북간의 교류와 실질적 통합을 다각적으로 진행해나가다가 어느날 문득, '어 통일이 꽤 됐네, 우리 만나서 통일됐다고 선포해버리세'라고 합의하면 그게 우리식 통일이라는 겁니다." (『한반도식 통일, 현재진행형』 제1장 「6·15시대의 한반도와 동북아평화」 20~21면) 지금 시점에서 부연한다면 이런 '1단계 통일'은 국가연합 중에서도 꽤 낮은 수준의 연합일 수밖에 없으리라는 것이다.

혁을 수반하는 분단체제변혁 전략임을 서두에 언급했는데, 남북연합이라는 '안전장치'와 '변화촉진장치'를 겸한 체제가 생기면 북측 사회도 그에 힘입어 새로운 단계에 진입할 것이 기대된다.

그런 것 없이 왜 북측은 변하지 않느냐고 다그쳐대는 건 변하지 말라는 얘기나 다름없다. 그것은 북이 제대로 변할 경우 남쪽에서 자기네 특권을 위협받는 사람들이 북의 변화를 오히려 가로막는 태도일 수 있다. 이명박정부의 '비핵·개방·3000' 정책이 대표적인 사례가 아닌가 한다. 정말로 비핵화를 원하면 그런 구호를 내거는 대신에 실질적으로 비핵화를 할 수 있도록 유도하고 대화해야 한다는 것은 상식에 속한다. 비핵화 안하면 아무것도 안한다는 정책을 고수하면 비핵화가 될 수 있으리라고 순진하게 생각해서 그러는 사람도 있겠지만, 실은 비핵화가 진전되지 않고 한반도의 긴장이 고조되는 것이 달콤하기 때문에 그렇게 떠들어대는 영악한 사람들도 많지 싶다.

북측에 변화가 없다고 앞서 말했지만 이는 남한의 수구·보수세력이 기대하는 변화가 보이지 않는다는 뜻이지, 북측 사회가 그나름으로는 엄청난 변화를 겪어왔음을 간과하지 말아야 한다. 1990년대 중반 '고난의 행군' 이래 전국적인 배급체제가 무너진 것이 그 단적인 예이고, 시장의 확산을 통제하려는 당국의 간헐적인 강경조치에도 불구하고 공인시장과 암시장 모두 꾸준히 커져온 것으로 안다. 더구나 김정일시대로부터 김정은시대로의 이동은 세습이건 아니건 또다른 큰 변화를 수반할 수밖에 없다. 나는 유일체제적 통치의 실제 내용도 상당한 변용을 겪지 않을까 하는 추측을 해보았는데,[8] 아무튼 전문가라는 분들이 별로 일어날 것 같지 않은 '급변사태'를 연구하기보다 실제로 북에서 일어나고 있는 크고 작은 변화들을 좀더 치밀하고 차분하게 고찰했으면 좋겠다.

남북연합이란 장치가 생기면 그때는 또다른 차원의 변화가 있을 것이 분명하다. 남한사회도 임동원 전 통일부장관이 즐겨 쓰는 표현대로 '통일지향적 평화 프로세스'가 불가역적인 단계에 들어가면서 새로운 차원의 민주사회가 구현될 것이다. 또한 복지·평등·정의 같은 의제와 평화의제가 상승작용을 일으키는 사회로 진화할 수 있을 것이다.

예컨대 평등문제로 가장 시급한 것이 양극화를 해소하는 일인데, 평화체제가 다가올수록 양극화문제를 풀기 수월해지게 마련이다. 평화가 위협받는 상황에서 양극화를 들먹이면 '당신 친북좌파 아니냐. 대한민국이 그렇게 마음에 안 들면 평양에 가서 살아라'고 윽박지름을 당하기 일쑤다. 평화체제가 생기면 그런 식의 억지가 안 통하게 된다. 역으로 양극화가 극복되어가는 상황일수록 평화체제 구축도 힘을 받게 된다. 다수 대중들이 먹고살기 급급하면 평화체제를 구축하는 데 민주시민으로 어떻게 마음껏 참여할 수 있겠는가. 복지도 좀 되고 평등도 좀 될수록 평화체제 수립도 그만큼 더 쉬워진다. 이렇게 쌍방향으로 작용하는 것이다.

이런 복합적 전략의 한 예로 천안함사건에 대한 대응을 논하는 것

---

8) "김정은이 왕년의 일본 천황을 방불케 하는 신성불가침의 존재로 옹립되더라도 그의 실질적인 통치는 당과 군 엘리뜨집단과의 또다른 관계 속에 진행될 가능성이 높다."(본서 제3장 59면)

으로 끝맺고자 한다. 현재 남북관계 복원에 치명적인 걸림돌은 5·24
조치다. 천안함사건 이후 6·2지방선거를 앞둔 2010년 5월 24일 이명
박 대통령이 전쟁기념관에서 남북교류를 전면 중단한다고 선포했
고 이 조치는 아직도 철회되지 않았다. 요즘 점차 교류를 재개하면
서도 이 조치를 철회하지 않는 건 일종의 자가당착인데, 정부가 '원
칙을 고수하되 유연성을 발휘한다'고 말하는 것은 전임 통일부장관
시절에 비하면 분명한 전진이지만 결국 구차한 궤변에 불과하며 여
전히 남북교류의 정상화를 가로막는 요인이다.

그런데 5·24조치는 정부가 천안함사건이 북의 소행이라고 결론
내리면서 취한 것이다. 이제는 자승자박이 되어버린 꼴이지만,[9] 천
안함이 북측의 어뢰공격으로 침몰했다는 공식발표를 뒤엎지 않는한
'천안함과 연평도에 대한 사과 요구'라는 원칙을 뒤집는 것도 쉬운

---

9) 그런데 이명박 대통령과의 차별화를 열심히 추진하는 박근혜 한나라당 비대위
원장 스스로 이런 자승자박의 길을 이어가고 있다. 김정일 위원장 타계를 맞아
국회 차원의 조문단을 보내자는 원혜영 민주통합당 공동대표의 제안에 대해 박
위원장은 이 문제에 관해서는 정부방침을 추종하는 것이 맞다는 입장을 취했고,
그에 앞서 비대위 회의에서 "연평도 포격이나 천안함사건으로 국민이 고통을 받
고 있고 아픔이 아직 가시지 않았는데, 그런 국민들을 먼저 생각하는 것이 좋지
않겠는가"라고 말한 것으로 보도되었다.(「시험대 오른 박근혜 '보수 본색'」, 『한
겨레』 2011.12.20) 여당의 대표자로서 여러가지 정치적인 고려 때문에 정부방침
에 맞서지 않는 것은 이해될 법하지만, 천안함사건에 대한 정부 발표를 이런 식
으로 추인하는 것은 첫째 국내외 독립적인 과학자들이 제기해온 의문들을 그가
진지하게 검토하지 않았을 것이라는 추론을 가능케 하며, 동시에 여러 경우의 수
에 신중하게 대비하기보다 보수 지지층의 확보에 급급한 정치인으로서의 허점
을 드러낸 셈이다. 앞서 나는 민주주의 문제가 박근혜 후보의 결정적 약점일 것
이라고 지적했는데(본서 제7장 153~54면), 분단체제에서 민주주의 문제에 있어
서의 한계와 포용정책의 한계가 긴밀히 연결된 것임을 다시 확인해주는 사례다.

일이 아닐 것이다. 더구나 북측이 연평도를 포격한 것은 명명백백한 사실이고 그들도 시인하고 있다. 실제로 연평도만 따로 떼어 사과하라고 요구한다면—북측이 진작에 민간인 희생에 대한 유감표명을 하기도 했지만—접점을 찾는 것이 어려운 일도 아니지 싶다.

천안함사건의 경우는 북측이 줄곧 책임을 부인해온 것은 물론이고 남쪽에서도 정부 발표를 믿는 사람도 있고 안 믿는 사람도 있다. 여론조사를 통해 '북의 소행이라고 생각하느냐?'라고 물으면, 특히 연평도사건 후에 많은 사람들은 그렇다고 대답한다. 그런데 서울대 통일평화연구원이 '천안함 침몰 원인에 대한 정부 발표를 믿느냐?'고 물었더니 응답자의 3분의 1만 '믿는다'고 답했다고 한다.[10] 국민 대다수의 입장에서도 진실을 규명하는 일이 여전히 숙제로 남아 있는 것이다.

하지만 정부가 자기 입장만 고집하면서 일체의 재조사나 추가자료 제공을 거부하고 있기 때문에 천안함사건의 진상이 쉽게 밝혀지지는 않을 것이다. 이런 상황에서 진실규명을 남북관계 정립의 전제조건처럼 물고 늘어지는 것은 정부의 남북대화 지연작전에 동조하는 꼴이 될 수도 있다. 따라서 포용정책 복원을 주장하는 사람들 대다수는 사건의 진실을 일단 덮어두더라도 대화와 접촉부터 재개함

---

10) 서울대학교 통일평화연구소(소장 박명규)에서는 2010년과 2011년 '통일의식조사'의 설문 중에 "천안함의 침몰 원인에 대한 정부 발표를 신뢰하는가"라는 문항을 넣은 바 있다. 2010년에는 '신뢰한다'는 응답이 32.5%, 2011년에는 33.6%였다. 서울대학교 통일평화연구원 「2010년 통일의식조사」(2010년 7월 12~27일 실시)와 「2011년 통일의식조사」(2011년 7월 26일~8월 16일 실시) 참조.

으로써 포용정책의 기조를 되살리는 일이 급선무라는 입장을 취한다. 나 자신도 그 점에 동의한다.

그러나 거기서 끝난다면 그것은 포용정책 1.0 수준에 머무는 것이지 2.0버전으로는 못 가는 것이다. 포용정책 2.0이란 단순히 남북대화를 복원하고 교류를 촉진하는 것이 아니라 남한사회의 총체적 개혁과 연계된 분단체제변혁을 추구하는 것이기 때문이다. 포용정책 1.0의 타당성을 강조하기 위해 '10·4선언이 이행됐더라면 천안함사건도 없었을 것'이라고 말하기도 하는데, 이는 논리적으로 결함이 없는 문장이지만 천안함사건이 애초에 남녘의 국내사건으로 출발했을 가능성을 처음부터 배제하는 문장이 될 수 있다. 더구나 천안함의 '폭침'이라고 남들이 쓰는 단어를 따라쓰다보면 북의 소행이라는 정부 발표의 핵심을 인정하는 결과가 된다. 진실이 아직 밝혀지지 않았고 그간 당국의 조사와 발표 과정은 그 자체로 심각한 국기문란 행위이며 당연히 국정조사 대상인데도 서둘러 면죄부를 주고마는 것이다. 포용정책 기조의 회복이 아무리 시급해도 진실과 법치 그리고 민주주의에 대해 이토록 무감각한 태도를 취해서는 포용정책 2.0과 2013년체제로 나아갈 길이 열리기 힘들다.

남북관계 자체로 보더라도, 민주시민의 적극적인 참여로 진행되는 통일과정에서는 우선 남북 두 정부의 성격과 행적에 대해 제3당사자인 민간사회가 정확한 인식을 갖는 것이 필요하다. 남쪽 당국 편도 아니고 북쪽 당국 편도 아닌 입장에서는 양쪽이 어떤 집단인지를 알고 시시비비를 가려야 하는 것이다.

만약 정말로 북이 천안함을 침몰시켰다면 두가지 결론이 나온다.[11] 첫째, 우리가 아는 것보다 북이 기술적·군사적으로 훨씬 유능한 집단이라는 것. 둘째, 북쪽 정권은 나쁜 정권일 뿐 아니라 이해가 안되는 비정상적인 집단이 된다. 왜냐? 북한은 연평도 포격에 대해 남쪽이 먼저 도발해서 충분히 경고한 뒤에 쐈다고 한다. 쏘고 나서는 혁혁한 전과를 거뒀다고 자랑했다. 그런데 천안함사건 때는 달랐다. 2009년 11월의 대청해전 패배를 설욕하기 위한 것이라면 '우리가 신출귀몰한 작전으로 한미연합훈련 도중에 들어가서 깨버렸다'고 자랑을 해야 하는데, 안했다고 극구 부인하고 있다. 북한이 정말 천안함을 침몰시켰다면 그들의 이런 반응을 보건대 도저히 이해가 안되는 집단인 것이다. 그래서 과연 북이 그런 집단인지, 아니면 이해가 안되는 면들이 분명 있기는 하지만 그 정도로 이상하지는 않은 집단인지를 알아야 제3당사자로서 적절하게 개입할 수 있는 것이다.

우리 정부에 대해서도 포용정책 1.0을 깬 것은 잘못이라는 정도는 많은 사람들이 안다. 그러나 북이 정말로 천안함을 공격했다면 5·24조치도 비록 과하고 성급한 면이 있긴 하지만 그렇게까지 나쁘다고만 말할 수 없다. 반면에 충분한 근거도 없이 그런 조치를 취했다면 ─ 만에 하나 일부 증거를 조작해가면서까지 그런 조치를 취했다면 ─ 국민적 규탄과 심판을 받아 마땅하다.

지난회 한반도평화아카데미 강의에서 이종석 박사는 "솔직히 나

---

11) 이제 관해서는 본서 제6장에서 더 상세히 논했고, 졸고 「국가주의 극복과 한반도에서의 국가개조 작업」(본서 제1장 27면의 각주10 참조)의 '덧글: 2011년의 초입에서' 106~10면에서 부연했다.

는 누가 천안함을 침몰시켰는지 모른다"고 했다. 또 북한 공격의 가능성은 충분하지만 실제로 북한이 천안함을 침몰시켰는가에 대해서는 "많은 국민들이 우리 정부의 천안함 조사결과를 신뢰하지 못한 것처럼 나 역시 그렇다"고 말했다.[12]

이종석씨가 누구인가? 일국의 통일부장관을 지냈고 청와대 국가안전보장회의(NSC)의 핵심간부를 역임한 전문연구자다. 그런데 이런 사람이 정부가 국제적 조사단까지 끌어들여 조사하고 발표한 것을 못 믿겠다고 공언하는 사태를 어떻게 받아들일 것인가? 그가 북을 무조건 옹호하려는 친북좌파이거나, 아니면 이런 사람한테까지도 불신을 받는 정부의 발표는 마땅히 다시 따져봐야 하거나 둘중에 하나다. 이것을 어물어물 넘기면 우리 사회의 발전은 없다.

그래서 당장은 남북관계 복원이 시급하니까 천안함사건의 진실이 어떤 것이든 남북대화를 하고 6자회담도 하자, 여기까지는 좋다. 그러나 이 사태에 대한 각자의 입장을 이성적으로 정리하고 그에 따라 요구되는 민주시민의 책임을 다하려 하지 않는다면 민주주의의 도약은커녕 2007년까지 진행된 민주화의 수준을 회복하는 일도 장담할 수 없다. 2012년의 선거를 이긴다 해도 2013년체제나 포용정책 2.0은 그럴싸한 구호에 그치기 십상이며, '신장개업'하는 반민주세력을 선거에서 이길 수 있을지조차 의문이다. 포용정책 기조의 복원이라는 초보 수준의 남북관계 개선은 천안함에도 **불구하고** 하루빨리

---

12) 한반도평화아카데미 제7강(2011.10.24)에서의 발언. 「우리에게 과연 북한을 심판할 능력이 있는가」, 『프레시안』 2011.10.28(http://www.pressian.com/article.asp?article_num=30111027114510) 참조.

추진하되, 한반도식 통일을 천안함을 **포함한** 우리 시대의 진실에 튼튼히 뿌리박은 시민참여의 과정으로 만드는 역사적인 과제를 동시에 수행하는 능력과 지혜가 필요하다. 포용정책 2.0이 1.0버전과 달라지는 결정적 대목 중 하나가 이런 것이며, 천안함사건의 진실규명이 2013년체제의 핵심에 자리잡아야 할 이유가 바로 그것이기도 하다.

■ 이 글은 2011년 11월 1일 인제대학원대학교 인당관에서 열린 강의 내용을 『프레시안』의 황준호 기자가 충실하게 정리해서 보도해주었기에 그 기사(2011.11.8. http://www.pressian.com/article/article.asp?article_num=40111107174722)를 대본으로 활용해서 수정·보완한 것이다.

| 원문 출처 |

1. '2013년체제'를 준비하자 • 한국DMZ평화생명동산 시민평화포럼 주최 '2011 평화와 통일을 위한 시민활동가대회' 기조발표문(2011.3.10)을 정리하여 『실천문학』 2011년 여름호에 발표한 것을 수정·보완한 글.
2. 동아시아와 한반도에서 새로운 시대를 열기 위하여 • 일본 토오꾜오 21세기사회동태연구소 주최 제10회 북동아시아동태연구회 발표문(2011.9.25)을 수정·보완한 글.
3. '김정일 이후'와 2013년체제 • 『창비주간논평』 2011.12.29(http://weekly.changbi.com/593).
4. 다시 2013년체제를 생각한다 • 새로 쓴 글.
5. '포용정책 2.0'을 향하여 • 2009년 9월 화해상생마당 심포지엄과 2010년 1월 한반도평화포럼 제5차 월례토론회에서 발표한 내용을 기초로 수정·보완하여 『창작과비평』 2010년 봄호에 발표한 글.
6. 2010년의 시련을 딛고 상식과 교양의 회복을 • 『창비주간논평』 2010.12.30 (http://weekly.changbi.com/504).
7. 한국 민주주의와 한반도의 분단체제 • 성공회대학교 '인문학 석학 초청 특강'(2011.12.7)의 녹취록을 바탕으로 정리한 글.
8. 2013년체제와 포용정책 2.0 • 제2기 한반도평화아카데미 강의(2011.11.1)에 관한 『프레시안』 기사(2011.11.8)를 바탕으로 다시 쓴 글.

2013년체제 만들기

초판 1쇄 발행/2012년 1월 25일
초판 5쇄 발행/2012년 4월 3일

지은이/백낙청
펴낸이/강일우
책임편집/황혜숙
펴낸곳/(주)창비
등록/1986년 8월 5일 제85호
주소/413-120 경기도 파주시 회동길 184
전화/031-955-3333
팩시밀리/영업 031-955-3399 편집 031-955-3400
홈페이지/www.changbi.com
전자우편/human@changbi.com
인쇄/영신사

ⓒ 백낙청 2012
ISBN 978-89-364-8572-6 03300